时代华商
物业管理
策划中心

组织编写

智慧物业管理与服务系列

物业全程品质管控实施手册

```
U0314365
```

全国百佳图书出版单位

化学工业出版社

·北京·

内容简介

《物业全程品质管控实施手册》一书由物业服务质量管理体系（物业服务质量概述、建立ISO 9000质量管理体系、质量体系的文件化），物业服务标准化（物业服务标准化概述、物业服务标准化运作），分项服务质量控制（客户服务质量控制、保安服务质量控制、工程维保服务质量控制、设施设备维护质量控制、保洁服务质量控制、绿化服务质量控制、外包业务质量控制），物业服务监督检查（物业服务监督检查体系、物业服务质量检查标准），以及物业服务质量改善（加强客户关系管理、积极化解邻里纠纷、妥善处理客户投诉、有效开展5S活动）内容组成。

本书采用图文解读的方式，让读者在轻松阅读中了解物业管理与服务的要领并学以致用。本书尽量做到去理论化，注重实操性，以精确、简洁的方式描述重要知识点，满足读者希望快速掌握物业管理相关知识的需求。

本书可作为物业公司基层培训的教材，物业公司也可运用本书内容，结合所管辖物业的实际情况，制定有本公司特色的物业服务工作标准。

图书在版编目（CIP）数据

物业全程品质管控实施手册/时代华商物业管理策划中心组织编写． —北京：化学工业出版社，2022.9
（智慧物业管理与服务系列）
ISBN 978-7-122-41677-3

Ⅰ．①物… Ⅱ．①时… Ⅲ．①物业管理-质量管理-手册 Ⅳ．①F293.33-62

中国版本图书馆CIP数据核字（2022）第105472号

责任编辑：陈　蕾　　　　　　　　　装帧设计：溢思视觉设计
责任校对：田睿涵　　　　　　　　　　　　　　　E-mail: isstudio@126.com

出版发行：化学工业出版社（北京市东城区青年湖南街13号　邮政编码100011）
印　　装：天津画中画印刷有限公司
710mm×1000mm　1/16　印张13¾　字数184千字
2022年10月北京第1版第1次印刷

购书咨询：010-64518888　　　　　　　售后服务：010-64518899
网　　址：http://www.cip.com.cn
凡购买本书，如有缺损质量问题，本社销售中心负责调换。

定　　价：69.80元　　　　　　　　　　　　　　版权所有　违者必究

前言
Preface

　　随着城市化进程的不断加快与深入，居民社区、写字楼、大型商场、公共基础服务设施、工业园区、学校、医院、景区等都对物业管理这一行业有着极大的需求。但是，针对不同等级的物业标准又对物业管理的要求提出了相应的规范，而现代高水平的物业管理正有推向智能化发展的趋势，打造一个便捷、舒适、高效、智能的物业管理氛围是现代物业管理不断向前发展的探索目标。

　　目前，物业管理行业不仅需要强化各项信息化手段在现代物业管理中的应用力度，还应促使现代物业管理向着智能化方向发展。具体要求要突出现代物业管理的智能化内涵，满足现代化社区对物业管理的要求，为居民提供更加智能化、人性化的服务，推动物业服务高质量发展。

　　2020年，住房和城乡建设部、工业和信息化部、国家市场监督管理总局等6部门联合印发的《关于推动物业服务企业加快发展线上线下生活服务的意见》中明确指出，要推进物业管理智能化，强调推动设施设备管理智能化。在物业管理行业逐渐进入泛智慧化的新阶段，设施设备作为物业管理领域中的重点和难点，同时也是融合新技术进行价值赋能最好的试验田，成为各物业公司的"必争之地"，其中以建筑智能化为抓手进行数字化转型已成为发展智慧物业的主要落脚点之一。

智慧物业借助智慧城市、智慧社区起步发展，正逐步实现数字化、智慧化。智慧停车、智慧安防、智慧抄表、智能门禁、智能会议等智能化应用，在一定程度上提高了物业管理企业的态势感知、科学决策、风险防范能力，在激烈的市场竞争中为降本增效提供了充分的技术保障，进而增强企业的数字化治理能力。数字化治理是新时代下智慧物业管理应用的鲜明特征，将引领物业管理行业管理方式的深刻变革，推动面向建筑智能化的智慧物业应用迈向新高度。

现代物业管理既是机遇又是挑战，因此，物业服务企业要重视各类专业的智能化管理技术，从劳动密集型向技术密集型转变，不断学习更新管理服务技术，紧跟科技潮流，向着更广阔的发展前景迈进。

基于此，我们组织相关职业院校物业服务专业的老师和房地产物业咨询机构的老师联合编写了本书。

《物业全程品质管控实施手册》一书由物业服务质量管理体系、物业服务标准化、分项服务质量控制、物业服务监督检查和物业服务质量改善等内容组成，可为物业管理者提供参考。

　　本书在编写过程中引用的范本和案例，大都来自知名物业企业，但范本和案例是解读物业服务企业标准化实操的参考和示范性说明，概不构成任何广告。

　　由于编者水平有限，加之时间仓促、参考资料有限，书中难免出现疏漏，敬请读者批评指正。

编　者

目录

Contents

第一章
1

物业服务质量管理体系

本章学习目标

1.了解物业服务质量的常识。

2.了解建立ISO 9000质量管理体系的常识。

3.了解质量体系文件化的常识。

第二章

55

物业服务标准化

本章学习目标

1.了解物业服务标准化的常识。

2.了解物业服务标准化运作的常识。

第三章

83

分项服务质量控制

本章学习目标

1.了解客户服务质量控制常识。

2.了解保安服务质量控制常识。

3.了解工程维保服务质量控制常识。

4.了解设施设备维护质量控制常识。

5.了解保洁服务质量控制常识。

6.了解绿化服务质量控制常识。

7.了解外包业务质量控制常识。

第四章
143

物业服务监督检查

本章学习目标

1.了解物业服务监督检查体系。

2.了解物业服务质量检查标准。

第五章
173

物业服务质量改善

本章学习目标

1.了解客户关系管理常识。

2.了解邻里纠纷化解常识。

3.了解客户投诉处理常识。

4.了解开展5S活动的常识。

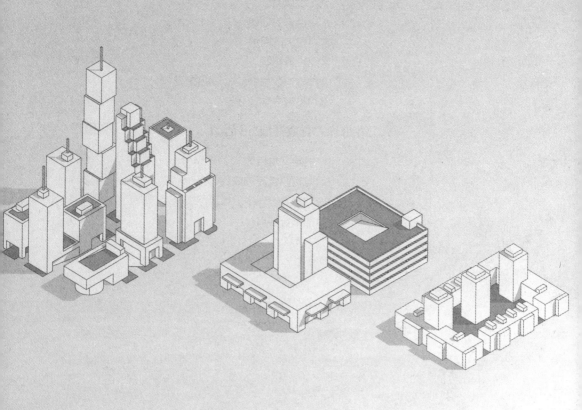

第一章
Chapter one

物业服务质量管理体系

本章学习目标

1. 了解物业服务质量的常识。
2. 了解建立ISO 9000质量管理体系的常识。
3. 了解质量体系文件化的常识。

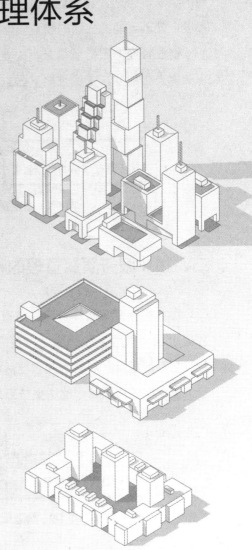

第一节　物业服务质量概述

一、何谓物业服务质量

提升物业服务质量首要的问题就是必须对物业管理的服务质量有一个正确的认识。否则，将物业管理服务的质量简单地看作是住区卫生清扫的干净程度，就不可能把住区的物业管理工作做好。

物业管理的服务质量是指物业管理服务活动达到规定要求和满足住户需求的能力和程度，主要包括下图1-1所示的几方面内容。

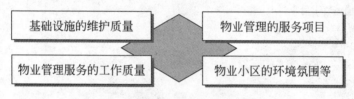

图1-1　物业管理服务质量包括的内容

二、物业服务质量管理的特点

物业服务全面质量管理，是物业公司全体员工和各个部门同心协力，综合运用现代管理手段和方法，建立完善的质量体系，通过全过程的优质服务，全面地满足住户需求的管理活动。

物业服务质量管理的主要特点如图1-2所示。

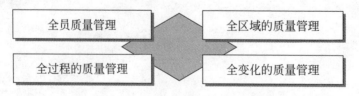

图1-2　物业服务质量管理的主要特点

（一）全员质量管理

物业管理服务质量的优劣，是物业管理各个部门、各个环节全部工作的综合反映，涉及物业管理住区内的全体员工和全体住户。管理者处于管理服务的地位，起关键的作用，但是，若没有被管理者即住户的配合，再优秀的物业管理也只是一句空话。因此，必须把小区的全体管理者和住户的积极性和创造性充分调动起来，不断提高人的素质，牢固树立"质量第一"的思想，使人人关心物业的服务质量，参与物业的质量管理。

（二）全过程的质量管理

物业管理服务工作的全过程，涉及对物业小区进行管理的前、中、后三个阶段。不仅包括对住户进行的服务工作，还包括服务前所做的准备工作，以及服务后的一切善后工作。为此，全过程质量管理必须做到图1-3所示的两点。

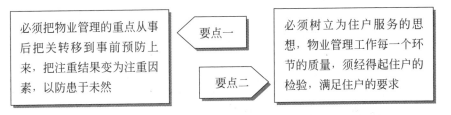

必须把物业管理的重点从事后把关转移到事前预防上来，把注重结果变为注重因素，以防患于未然　　要点一

要点二　　必须树立为住户服务的思想，物业管理工作每一个环节的质量，须经得起住户的检验，满足住户的要求

图1-3　全过程质量管理的要点

（三）全区域的质量管理

全区域的质量管理主要从组织管理这一角度来进行。每一个物业管理区域的质量管理不仅是对管理者的管理，而且还是对物业公司基层领导的管理，以及对住户的管理，其中每种管理角色都有明确的质量管理活动的重点内容。

（1）对领导层而言，要侧重于质量管理决策，充分发挥众人的智慧，组织、协调物业公司各部门、各环节、各岗位人员质量管理的统一活动。

（2）对基层管理者而言，要严格检查员工的实际操作情况，完善质量监督机制，让每个员工都严格地按标准、按规章制度进行操作。

（3）对住户来说，要自觉维护和遵守住区的各项要求与规定。

（四）全变化的质量管理

随着社会的进步和经济的发展，住户对物业服务质量的要求越来越高，所以，影响住区服务质量的因素也越来越复杂，既有人的因素，也有物的因素；既有住区内部因素，也有住区外部因素。因此，为了有效地控制各影响因素，物业服务企业必须广泛地、灵活地运用各种现代化管理方法，如目标管理法、统计法、QC小组质量法等，把心理学、行为科学、社会学等相关学科应用于物业管理的全面质量管理之中。

物业管理的全面质量管理必须有效地利用住区的人力、物业、财力、信息等资源，提供符合要求和住户期望的服务，这是物业管理推行全面质量的出发点和落脚点，也是物业质量管理的基本要求。

三、物业服务质量的控制措施

全面提高物业管理服务质量的水平，必须从基础工作抓起，从物业管理服务过程的质量责任制中的质量管理抓起，从住户对服务质量的信息反馈和及时处理各种质量投诉问题等方面抓起，具体的控制措施如图1-4所示。

（一）全方位的质量管理

实行全方位的质量管理，让住户完全满意，就应提出超出住户期望、高于其他物业管理竞争对手或竞争对手想不到、不愿做的超值承诺或服务，并及时足值甚至超值兑现对住户的承诺。在此基础上，再根据住户对物业环境、服务项目的需求变化推出新的、更高的承诺，吸引更多的住户，以达到更高层次的住户满意，从而形成全企业发展的良性循环，使住户的满意和忠诚不断得到强化。

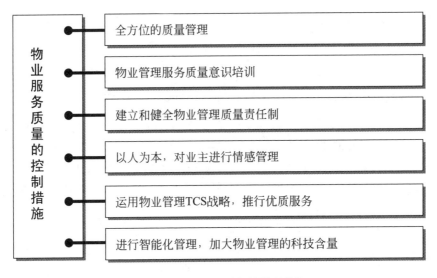

图1-4 物业服务质量的控制措施

（二）物业管理服务质量意识培训

质量培训工作的主要任务在于不断提高物业服务企业全体员工的质量意识，并使之掌握和运用质量管理的方法和技术。要让每位员工牢固树立"质量第一"的意识，认识到自己在整个物业管理服务质量提升中的责任，从而自觉提高业务管理水平和服务操作技术水平，严格遵守操作规程，不断提高自身的工作质量。同时，要对住户进行售后物业管理意识的教育，比如，通过文化活动、宣传栏等进行双向教育，这样才能收到良好效果。

（三）建立和健全物业管理质量责任制

物业管理服务质量责任制是物业公司各部门、各岗位和各员工在质量管理工作中为保证服务质量和工作质量所承担的任务、责任和权利。建立服务质量责任制可以把与质量职能有关的各项具体工作同全体员工的积极性结合起来、组织起来，形成一个严密的质量体系，更好地保证住区服务质量的提高。

（四）以人为本，对业主进行情感管理

在物业管理过程中，业主和用户需要有思考能力，善于判断并满足自己

的需要。但是，复杂、繁琐的规章制度迫使服务人员消极地执行服务操作程序，而业主却往往要求服务人员按照自己的特殊需求灵活地提供优质服务。

1. 鼓励个性化服务

个性化管理服务实际上包含图1-5所示的两方面含义。

含义一 ▶ 在常规性管理工作之外，针对单个业主提供的一种特别服务，如单独为业主建立维修记录档案，独立的用水、用电等的使用记录及节约管理建议，空调等电器的维修保养记录等，可根据客户的要求及不同的运行情况单独拟订出个性检修计划

含义二 ▶ 在常规性服务之外，针对业主特殊需要提供的服务，以满足业主对物业使用功能的不同需求。如管家服务、宠物寄养、学龄儿童接送等

图1-5 个性化管理服务的含义

物业公司管理层应指导并鼓励服务人员为业主提供定制化、个性化、多样化的服务，同时授予服务人员一定程度的特殊权力，以便其采取必要的措施，满足顾客具体的特殊需要。要想实施以人为本的管理原则，授予员工必要的职权，物业公司就必须尽可能删除烦琐的、不必要的、限制员工决策权力的规章制度和操作程序，在物业公司的实绩考核和奖惩制度中鼓励服务人员创造性地、主动地为业主提供优质服务。

2. 确保业主的主人翁地位

在对业主进行情感管理中，必须注意从根本上确保业主的主人翁地位，完善民主参与、决策机制和民主监督机制，为广大业主提供"参政议政"的渠道，真正体现整个住区发展的大事由业主大会及其常委会决定。同时加强民主管理，充分发挥业主代表大会的作用，真正使业主感到"有主可做、有事可定、有家可当"。

（五）运用物业管理TCS战略，推行优质服务

物业公司TCS战略（顾客完全满意战略，Total Customer Satisfaction），

就是把住户的需求（包括潜在的需求）作为物业公司服务管理的源头，在物业管理服务功能及价格设定、服务环节的建立以及服务管理系统的完善等方面，以方便住户为原则，最大限度地使住户感到满意。物业公司实施TCS战略进行物业管理全方位质量评价，主要包括图1-6所示的五部分满意指标（即TCS战略的"5S"）。

指标一 ▷ 服务理念满意（Mind Satisfaction，简称"MS"）

它包括物业公司的服务宗旨满意、服务管理哲学满意、服务价值观满意等

指标二 ▷ 服务行为满意（Behavior Satisfaction，简称"BS"）

它包括物业公司的服务、经营、管理等行为机制满意、行为规则满意、行为模式满意等

指标三 ▷ 服务过程视听满意（Visual Satisfaction，简称"VS"）

它包括物业公司的名称满意、标志满意、标准色满意、标准字体满意以及物业公司、物业管理服务的应用系统满意等

指标四 ▷ 服务产品满意（Product Satisfaction，简称"PS"）

它包括物业公司的质量满意、物业功能满意、物业的外观造型满意、服务特色满意、物业管理服务的价格满意等

指标五 ▷ 服务满意（Service Satisfaction，简称"SS"）

它包括物业管理服务的全过程满意、物业管理服务保障体系满意、对住区舒适安全的满意、住户情绪反应的满意、对整个住区环境的满意等

图1-6 TCS战略的"5S"

为了实现TCS战略，必须在物业公司范围内，根据物业管理服务项目全过程管理的需要，建立各种职能性小组即各种TCS小组。

可通过展示会来展示物业公司的劳动成果，交流公司经营、管理的先进经验，并通过TCS战略组织的活动来激发公司员工的工作热情，鼓舞员工的士气。各种TCS小组从成立到确定主题、收集数据、分析现状、取得成果，再到建立标准化，每次每项活动都要在组长的带领下做好记录，并填写有关标准表格。当情况有了变动或取得进展时，要及时上报。TCS战略小组的进展与成果定期在TCS战略的布告栏中予以公布、体现。

物业公司在实施TCS战略的过程中，最重要的是树立以"住户需求"为中心的经营思想和理念。

比如，紧贴市场，了解市场动态，调查住户的现实和潜在需求，分析住户的行为动机、住户的承受能力和水平，并对住户的习惯、兴趣、爱好等方面有一个清晰的理解，以便于物业公司在服务管理全过程中满足住户的需求。这样，市场需要什么，住户需要什么，物业公司就提供什么，真正做到全心全意为住户服务，从而使物业公司在激烈的物业管理市场竞争中立于不败之地。

（六）进行智能化管理，加大物业管理的科技含量

随着网络系统的普及及人类生活水平的日渐提升，人们对居住、办公及经商环境的要求也相应提高。智能化的居住环境成为现代人士的首选，传统的物业管理模式已变得不合时宜。智能化的物业管理可提高服务效率，节省人力及降低物业管理的营运成本，对传统的物业公司是一个很大的挑战。

因此，物业服务企业应充分利用自动化设施，加大智能化管理的科技含量，更有效地实施各方面的管理服务，比如：

（1）在安保防盗方面，利用可视对讲、紧急报警、电子巡逻、边界防卫、防灾报警等系统，提供更全面、快捷、稳妥的服务。

（2）在物业服务方面，利用电子抄表、自动化停车场管理、自动化公共

照明、电子通告及广告、背景音乐及语音广播、公共设备自动监控、自动化文档系统等，使物业管理达到更系统、更体贴、更便捷的效果。

（3）在物业管理网络信息方面，通过综合布线或线网改造，使管理服务的范围从地区性拓展至无地域界限，可提供比以前更多的服务及娱乐。

第二节　建立ISO 9000质量管理体系

ISO 9000标准是质量管理体系的要求。这种要求是通用，适用的于各种行业或经济部门，提供的各种类别的服务，包括硬件服务、软件服务。但是，不同的物业服务企业为符合质量管理体系标准的要求所采取的措施却是不同的。因此，物业公司要根据自己的具体情况建立物业ISO 9000质量管理体系。

一、制定质量方针

质量方针与经营宗旨相一致，与服务要求相适应，体现了对业主的承诺、对持续改进的承诺，能为目标的提出提供框架。因此，质量方针不能是空洞的口号，物业公司要根据本公司的服务项目、业主定位和预期的服务质量水平来确定。

（一）质量方针应包含的内容

为了便于员工了解和记忆，质量方针的核心内容也可以拟成几句顺口溜之类的文字，但那并不是质量方针的全部内容。最好将质量方针制作成一个文件，主要包含以下内容：

（1）标题，如××物业公司质量方针。

（2）对物业公司所处的内外环境的描述。要简明扼要，主要阐述业主（用户、服务提供商）对质量的需求和期望、物业公司服务市场竞争中所承受的压力、物业公司服务质量不达标可能产生的后果等内容。

（3）物业公司应对内外环境的指导思想。应使员工清楚地了解物业公司将采用什么样的经营思想，实施什么样的发展战略。例如，是用高服务质量还是用低价位去参与竞争，以及选择什么样的市场等。

（4）引出质量方针的核心内容。质量方针的核心内容可以是简明扼要的几条规定，也可以是几条定性的质量目标，还可以是几条物业公司处理质量问题的原则，不管哪种情况，都应包括最高管理者对质量的承诺。

（5）实施质量方针的措施。这些措施一般是宏观的、原则性的。例如，要使全体员工理解质量方针等。

（6）最高管理者签名及发布日期。质量方针必须经最高管理者签署后才能生效，因此必须有最高管理者的签名及发布日期。

下面提供两份物业公司质量方针发布令的范本，仅供参考。

■ 范本

质量方针发布令

本公司的质量方针为：

优质服务、质量第一、务实高效、精益求精

1. 优质服务

以客户为关注焦点，从每一个细节着眼提供优质服务。

2. 质量第一

"在质量和效益面前，我们首选质量"，视质量为公司的生命。

3. 务实高效

实事求是，讲求实际，认真做好每一件事情，并高效率完成。

4.精益求精

坚守"没有最好，只有更好"的信念，持续改进，不断创新，以全新的经营理念、规范化的管理、优质的服务为业主、住户营造美好的工作、生活环境。

最高管理者：

发布日期：

质量方针发布令

我公司的管理方针是：

守法诚信、关爱身心，

绿色环保、安全温馨，

追求卓越、持续创新。

1.守法诚信

严格遵守和执行国家法律、各级法规、标准所列的要求。诚以待人，注重信誉，为顾客提供优质服务，确保顾客满意。

2.关爱身心

视员工为公司之本，视顾客为关注焦点，关注员工和顾客的身心健康与安全，激发员工的创造性和积极性，满足顾客的需求和期望。

3.绿色环保

绿化、美化、净化，预防污染，节能降耗，不断向顾客和员工进行环保教育，为顾客创造一个清新、优美、洁净的生活和工作环境。

4.安全温馨

实行全员、全过程、全方位的安全管理，以人的安全行为以及物的安全状态为重点，确保顾客的舒适和方便，使员工有归属感，使顾客有温馨感。追求卓越——完美的管理精神和管理文化，在改进中发展，在发展中改进，不断实现PDCA良性循环。

5.追求卓越

公司应不断对质量方针进行适宜性评审，必要时可对其进行修改以适应公司内外环境的变化，同时要执行"管理评审控制程序"。

6.持续创新

不断提高管理水平，以精品服务回报顾客、回报社会，以管理创新、服务创新实现持续创新。

最高管理者：

发布日期：

（二）制定质量方针的步骤

制定质量方针应遵循一定的步骤，具体如表1-1所示。

表1-1　制定质量方针的步骤

序号	步骤	具体说明
1	分析公司的内外环境	物业公司的内部环境包括物业公司的规模、体制、运行机制、人财物等资源，以及员工的需求和期望等；外部环境包括顾客和其他相关方的需求和期望、竞争对手状况、供方和合作者等
2	统一公司的经营思想	实现这一步的关键是最高管理者的参与。因为，物业公司的经营思想往往就是最高管理者的经营思想，如果最高管理者不对自己的经营思想进行清理，那么这一步也就是走过场。如果物业公司只是把质量管理当作"门面"，作为应付某种检查（如ISO 9000认证）的临时措施，仅仅把"质量第一"当作口号或广告用语，也就是说，物业公司没有把质量纳入发展战略的核心，没有把质量作为经营思想的基础，那么，制定出来的质量方针也只能是纸上谈兵

续表

序号	步骤	具体说明
3	起草、修改、形成质量方针	质量方针的起草可以广泛征求意见，起草后的质量方针要经过上上下下的讨论和修改
4	由最高管理者批准后正式发布	质量方针应当是独立成篇的文件，必须经过最高管理者批准。质量方针应当单独发布，必要时可收入质量手册中

（三）质量方针的贯彻实施

质量方针正式发布后，为使其得到贯彻执行，必须着重抓好如图1-7所示的几方面工作。

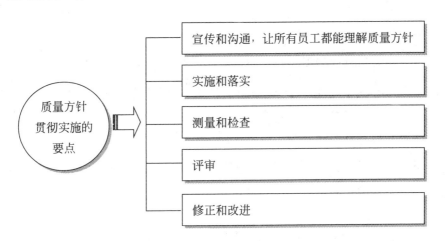

图1-7　质量方针贯彻实施的要点

1.宣传和沟通，让所有员工都能理解质量方针

（1）利用制定质量方针的机会，在物业公司内展开自我生存与发展的讨论，吸引员工参与到制定质量方针的工作中来。

（2）质量方针制定出来后，不能停留在文件上，而是要让员工都能了解。可利用宣传栏、黑板报、标语、手册等进行宣传。必要时，还可以通过早会、讲座、讨论等形式宣传。

比如，质量方针与每个员工有什么关系，在实际工作中如何运用质量方针，等等。

（3）在遇到重大质量问题时，要重温质量方针。

比如，当发生重大质量事故或质量工作与其他工作发生冲突时，可以进行质量方针的讨论。通过这种讨论，可以加深员工对质量方针的理解。

（4）质量方针的宣传不能只刮一阵风后就偃旗息鼓。可以规定每月进行一次质量方针教育（物业公司可以开展质量日活动）。在新员工到岗时，也应进行质量方针教育。

（5）开展文化娱乐活动，将质量方针的宣传形象化、趣味化。

比如，定期举行质量知识竞赛、开展"我为企业做贡献"演讲或征文比赛、征集有关漫画，等等。

2.实施和落实

（1）用质量方针去指导建立质量目标，并在其他文件里进行阐述。

（2）用质量方针去指导质量策划，建立质量管理体系。质量管理体系的文件、过程，都必须体现质量方针的要求，不允许与质量方针相抵触、相违背。一旦发现有抵触或违背的地方，就应加以修正与改进。

（3）用质量方针去评审质量管理体系是否适宜、充分和有效。如果质量管理体系未能满足质量方针的要求，则应当进行改进。

3.测量和检查

对质量方针的实施和落实情况，应定期进行测量和检查，以供管理评审时使用。质量管理体系业绩的测量，如对顾客和其他相关方满意程度的测量、对质量管理体系的内部审核、对产品质量的检测等，其结果都可以作为对质量方针的测量。这种测量和检查可以采取审核方式、考试方式、现场采访方式进行。例如，抽若干人员进行考试，考查他们对质量方针的了解和理解程度、运用质量方针处理质量问题的能力等。

4.评审

按照ISO 9000族标准的规定，管理评审是定期进行的，一般情况下每年至少进行一次。质量方针的评审至少应与管理评审同步，也就是说每年至少一次。物业公司必须制定有关质量方针管理的程序和管理评审程序。判定时，应将质量方针的评审要求、评审程序、评审内容等纳入相应的条文中，使质量方针的评审制度化、规范化。

5.修正和改进

经过评审，如果发现质量方针不能保持持续的适宜性，或者在有效性方面存在问题，就应当对质量方针进行必要的修正和改进。修正和改进，应当按制定的程序来进行，同时注意，质量方针必须按文件控制的要求进行控制，即：

（1）质量方针发布前必须得到批准，由最高管理者签署。

（2）质量方针的评审、进行的任何修改都必须再次得到最高管理者批准。

（3）质量方针必须标明现行的修订状态。

（4）在任何使用质量方针的地方，都可以获得有关版本的适用文件（质量方针是一个文件，而不仅仅是几句话）。

（5）作废了的质量方针文件，应当收回或加上"作废"的标志。

二、确定质量目标

质量目标应按质量方针所提供的框架展开。为确保物业服务企业质量目标的实现，相关职能和层次要依据物业服务企业质量目标的要求确定各自的质量目标，并落实到全体员工的工作中。

（一）质量目标的要求

（1）应体现质量方针和质量管理的八项原则，依据质量方针的框架，来展开制定质量目标。

（2）应满足顾客对产品和服务的需求。

（3）应具体化，尽可能定量化，至少要明确地定性，如产品外观质量达到某名牌的水平，以便测评。

（4）应切合物业公司的实际，经过一段时间的努力可以达到，即是"跳一跳才能被摘下的桃子"。目标应高于目前已达到的水平，而不应不经过任何努力就可完全达到，那样制定出来的目标就失去了意义。但也不是某些领导者想的那样，目标制定得越高越好，目标定得太高，再怎么去努力，也不可能达到，就会使员工失去"跳一跳"的动力，因为再怎么"跳"，也不可能够得着那个"桃子"。

（二）质量目标的内容

质量目标应视物业公司的具体情况而定，可以是多样化的，其内容通常包括技术员工上岗持证率、绿地养护完好率、物业管理服务费用收缴率、重大责任安全事故、质量事故、设备完好率、房屋完好率、客户综合满意率、投诉处理率、有效投诉率、清洁绿化管理完成覆盖率、员工培训率、报修（故障）到场时间、电梯故障（困人抢修）到场时间、因管理责任发生的重大刑事案件、因管理责任造成的汽车丢失或严重损毁、火灾事故发生率等。

（三）制定质量目标的步骤

1.找出问题点

问题点就是为实现质量方针和质量目标必须解决的重要问题，包括不合格、缺陷、不足、与先进的差距等。

（1）问题点的来源。问题点的来源可以从图1-8所示的几方面获得。

来源一	客户（包括与物业管理有直接关系的业主、租户、政府部门、周围居民、员工及其他相关单位的人员或机构）投诉
来源二	管理评审的结果
来源三	质量审核的结果

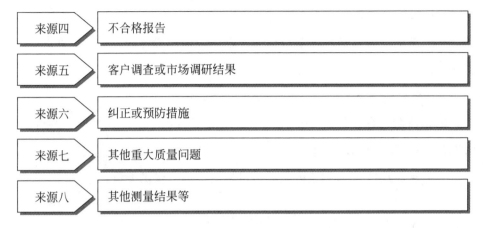

图1-8 问题点的来源

（2）找问题点的步骤。找问题点是有方法的，一般可按照图1-9所示的步骤来进行。

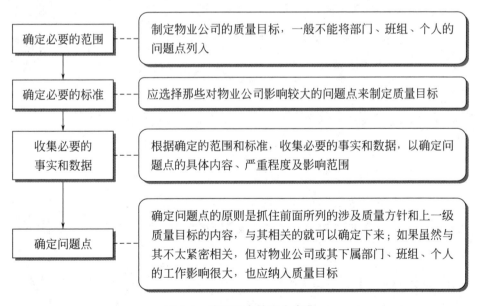

图1-9 找问题点的四大步骤

必要时，也可以采用"头脑风暴法"，召集有关人员（特别是专业人员）来提出问题，再经过综合分析，确定问题点。

2.根据问题点制定质量目标

根据整理并列入制定质量目标的问题点，提出具体的、有针对性的、有挑战性的质量目标。

3.分解质量目标

即将质量目标在纵向、横向或时序上分解到各层次、各部门、各班组，以至每个员工，形成目标体系的过程，常用的方法有系统图法等。

下面提供几份××物业公司质量目标的范本，仅供参考。

📘 **范本**

物业公司常用的控制性指标

一、总体管理、服务指标

1.全年不发生重大安全责任事故。

注，"重大安全事故"是指：

1.1因失职或玩忽职守引发的员工死亡事故。

1.2因失职或玩忽职守引发的公司重要财产报废、损毁事故。

1.3因失职或玩忽职守引发的火灾事故。

1.4因失职或玩忽职守引发的水浸事故。

1.5因失职或玩忽职守引发的恶性治安事件。

1.6因失职或玩忽职守引发的业主/住户重伤、死亡事件。

2.所辖物业设施设备的使用完好率。

3.员工培训合格再上岗率。

4.员工对企业的满意率。

5.住户对管理、服务工作的满意率。

6.管理费收缴率。

二、经营指标（总体）

1.全年支出控制在预算范围内。

2.全年管理平均成本控制在_____元/平方米·月。

3.全年实现经营利润_____万元。

4.人均管理成本_____元/平方米·月。

5.人均管理面积_____平方米。

6.各类操作层员工的劳动定额。

7.人均劳动生产率、利润率。

三、公共事务部分项管理指标

1.业主违章有效处理率。

2.房屋完好率。

3.住户维修及时率、合格率。

4.住户有效投诉_____起/万平方米，有效投诉处理合格率（以回访结果为准）。

5.住户求助处理率、满意率。

6.有效回访率。

7.培训计划完成率。

8.员工绩效考评有效率。

9.服务规范的出错率（以检查、投诉记录为准）。

10.工作操作规程的内审严重不合格为零，轻微不合格_____项以下，观察项_____项以下。

11.工作操作规程抽检合格率。

12.社区文化活动有效完成率。

13.多种经营收入_____万元。

14.业主委员会对物业管理服务工作的满意率。

15. 住户对公共事务部工作满意率。

四、保安、消防分项管理指标

1. 消防设施设备的使用完好率。

2. 普通治安案件的发生率、有效处理率。

3. 其他各类突发事件的有效处理率。

4. 员工对干部的满意率。

5. 灭火预案演习达标率。

6. 治安预案演习达标率。

7. 训练考核达标率。

8. 车辆违章停放率。

9. 作业规程抽检合格率。

10. 内审严重不合格为零，轻微不合格_____项以下，观察项为_____项以下。

11. 服务规范的不合格率。

12. 住户对保安、消防工作的满意率。

五、维修工作分项管理指标

1. 设备计划保养完成率。

2. 设备开机完好率。

3. 设施设备大、中、小修计划完成率

4. 设备运行成本。

5. 设备临时故障排除的及时率。

6. 员工工伤事故发生率。

7. 值班记录准确合格率。

8. 机房卫生达标率。

9. 作业规程抽检合格率。

10.内审严重不合格为零，轻微不合格_____项以下，观察项为_____项以下。

11.服务规范的不合格率。

12.住户对维修保养工作的满意率。

13.设备单位运行成本_____元/万平方米。

六、园林绿化分项管理指标

1.绿化养护成活率，黄土裸露面积。

2.苗木繁殖成活率。

3.植物长势达标率。

4.绿化环境评比住户满意率。

5.作业规程抽检合格率。

6.内审严重不合格为零，轻微不合格_____项以下，观察项为_____项以下。

7.服务规范的达标率。

8.住户对维护保养工作的满意率。

9.设施设备使用完好率。

七、清洁、保洁分项管理指标

1.垃圾停留地面的时间不超过_____小时。

2.工作标准抽检达标率。

3.工作规程抽检合格率。

4.内审严重不合格为零，轻微不合格_____项以下，观察项为_____项以下。

5.住户对清洁工作的满意率。

范本

××物业公司质量管理目标

序号	质量目标	计算方法
1	达到或保持全国物业管理示范大厦（住宅小区）管理水平	公司对各部门每两个月按《全国物业管理示范大厦（住宅小区）标准及评分细则》进行质量检查，最后进行年度评定
2	设备完好率≥98%	各部门对各系统设备的完好情况每天进行计算，最后每月汇总评定一次
3	房屋完好率≥98%	各部门对房屋的完好情况每天进行计算，最后每月汇总评定一次
4	投诉处理率达100%	各部门对本部门的投诉及处理情况每月进行一次汇总评定
5	零修、急修及时率达100%	各部门每月根据维修单据中确定的零修、急修数量与及时情况进行统计
6	零修、急修返修率＜1%	各部门每月根据维修单据中确定的零修、急修数量及合格情况进行统计
7	辖区无责任性重大安全事故、质量事故	各部门每年度对辖区的重大事故进行统计，并根据各方责任、权属划分，确定是否有责任性重大安全事故、质量事故
8	有效投诉率＜2‰	公司及各部门分别对所辖范围内的投诉每年度统计一次
9	客户满意率≥95%	各部门每半年向客户进行意见征询，并对客户满意情况进行分析统计
10	清洁绿化管理达到《全国物业管理示范大厦（住宅小区）标准及评分细则》	按《全国物业管理示范大厦（住宅小区）标准及评分细则》进行质量检查，最后进行年度评定
11	管理人员年培训达20小时以上，操作层员工年培训达24小时以上	各部门每年度根据员工培训档案进行统计，计算出本部门各类员工的培训小时数

范本

××物业公司质量目标

序号	质量目标	目标值	统计依据	定义	统计计算公式
1	房屋、设备、设施保养及时率	100%	房屋、设备、设施巡检记录、报修单	反映区域内维修保养人员根据年度维修保养计划对房屋、设备、设施的维修保养情况	$1-\dfrac{未按计划完成的维保项次}{按计划应完成的维保项次}\times100\%$
2	房屋、设备、设施及时报修率	100%	报修单	反映区域内影响正常开馆、人身安全、系统运行的房屋、设备、设施故障信息传递情况，主要体现24小时内的巡检故障信息报告情况	$\dfrac{按时报修项数}{故障总项数}\times100\%$
3	房屋、设备、设施及时修复率	90%	报修单	反映区域内影响正常开馆、人身安全、系统运行的房屋、设备、设施故障信息传递、维修人员反馈与现场处理、结果反馈等情况，主要体现24小时内的巡检报修、修复情况。其中因备品备件采购原因（维修时间由责任区域主管工程师决定）而引起的故障除外	$\dfrac{按时修复项数}{报修总项数}\times100\%$

续表

序号	质量目标	目标值	统计依据	定义	统计计算公式
4	房屋、设备、设施修复合格率	99%	报修回访记录	反映区域内房屋、设备、设施等的修复质量，项目维修后3日内，回访/反馈次数合格	$\dfrac{回访/反馈合格次数}{报修回访/反馈总次数} \times 100\%$
5	设备、设施完好率	98%	设备、设施运行巡视记录	反映区域内设备、设施正常运行过程中的完好程度，主要考核系统设备、整机设备、泵类、电梯、控制柜等。对于末端设备、加灯具、开关、插座、阀门、音响、现场控制模块、房屋设施等，不纳入完好率考核，只作维修及时率考核	A $\dfrac{强电设备完好项数}{强电设备总项数} \times 100\%$ B $\dfrac{弱电设备（含电梯）完好项数}{弱电设备（含电梯）总项数} \times 100\%$ C $\dfrac{空调电设备完好项数}{空调设备总项数} \times 100\%$ D $\dfrac{给排水设备完好项数}{给排水设备总项数} \times 100\%$
6	突发事件正确处理率	100%	突发事件处理报告	反映区域内现场发生突发事件时，相关部门经理和（或）值班经理根据现场反馈信息按"突发事件处理办法"进行处理，使突发事件及时得到控制和正确处理的情况	$1-\dfrac{未能正确处理的突发事件次数}{考核期突发事件总次数} \times 100\%$

续表

序号	质量目标	目标值	统计依据	定义	统计计算公式
7	重大责任事故发生率	0	重大责任事故处理报告	反映区域内因物业管理中心或员工责任引起的重大责任事故发生率	按次累计计算
8	环境保洁合格率	95%	物业管理工作质量考核表	按物业管理处对环境管理部的抽查不合格项规定的分值统计	$1-\dfrac{\sum 不合格规定分值}{100}\times100\%$
9	顾客投诉处理及时率	100%	顾客投诉处理记录	反映区域内在规定时限内对投诉进行处理的情况	$1-\dfrac{未及时处理的顾客投诉次数}{考核期顾客投诉总次数}\times100\%$
10	顾客投诉率	0.5‰	顾客投诉处理记录	反映区域内物业管理中心或员工工作范围内的顾客投诉比例	$\dfrac{\sum 顾客投诉次数}{顾客总人数}\times100\%$
11	技术员工上岗持证率	100%	相关岗位证书	反映物业管理工作中工程部技术员工中持证上岗的比例	$\dfrac{持岗位有效证书的技术员工人数}{技术员工总人数}\times100\%$
12	服务质量合格率	98%	物业管理工作质量考核表	按物业管理处对服务部的抽查不合格项规定的分值统计	
13	保安部工作合格率	98%	物业管理工作质量考核表	按物业管理处对保安部的抽查不合格项规定的分值统计	$1-\dfrac{\sum 不合格规定分值}{100}\times100\%$

范本

× × 物业公司物业管理处的质量目标

一、安全管理

项目	基本目标	挑战目标	评定方法	备注
因管理责任造成的治安事故	0	0	安全管理部确定责任（或政府相关部门认定）	
因管理责任造成的刑事案件	0	0	安全管理部确定责任（或政府相关部门认定）	
因管理责任造成的消防事故	0	0	安全管理部确定责任（或政府相关部门认定）	
因管理责任造成的人员伤亡事故	0	0	安全管理部确定责任（或政府相关部门认定）	事故指伤亡造成直接经济损失 500 元以上诉讼并造成直接经济损失 500 元以上

二、设备、设施及公共场所（地）管理

项目	基本目标	挑战目标	评定方法	备注
保养	未按规定进行保养（或保养不符合要求）的次数少于1次/季	完全按规定进行保养	公司相关职能部门的检查结果	

续表

项目	基本目标	挑战目标	评定方法	备注
因管理责任造成的运行故障	一般故障少于2次/年；无严重故障	无故障	公司相关职能部门的检查结果	对于外包项目同样适用；如果管理处岗位设置不能满足技术需求，经公司职能部门确定可免责，但未按规定检查的不能免责
检查	未按规定检查或未及时发现故障或隐患的次数少于1次/季	未及时发现一般故障或隐患的次数少于2次/年；无重大故障或隐患	公司相关职能部门的检查结果	
维修	未及时处理故障或隐患的次数少于1次/季	及时处理	公司相关职能部门的检查结果	

三、房屋管理

项目	基本目标	挑战目标	评定方法	备注
装修管理	无危及结构安全及影响外观的违章装修；一般违章少于4项	无危及结构安全及影响外观的违章；一般违章少于2项	相关职能部门的检查结果	以签订责任书后的为准
招牌、广告	无违章安装	无违章安装	相关职能部门的检查结果	以签订责任书后的为准
检查	未按规定检查或未及时发现故障、隐患的次数少于1次/季	未及时发现一般故障或隐患的次数少于2次/年；无重大故障或隐患	相关职能部门的检查结果	以检查记录为准
维修	重大故障处理及时；一般故障处理的次数少于1次/季	维修及时	相关职能部门的检查结果	

四、环境管理

项目	基本目标	挑战目标	评定方法
效果	达到环境手册规定的标准		实际效果
检查	未按规定检查或未发现问题的次数少于1次/季	按规定进行检查并能发现问题	职能部门的检查结果

五、绿化管理

项目	基本目标	挑战目标	评定方法
因管理责任造成的植物死亡	草坪、灌木少于5%；树木少于1%	草坪、灌木少于1%	实际效果
造型	按时修剪	按时修剪；造型美观	实际效果
检查	未按规定检查或未发现问题的次数少于1次/季	按规定进行检查并能发现问题	职能部门的检查结果

六、客户服务

项目	基本目标	挑战目标	评定方法	备注
客户满意率	95%	98%	客户调查统计	
有效投诉	少于4宗/月	少于1宗/月	职能部门的检查结果	以月计
有效投诉处理率	100%	100%	职能部门的检查结果	
客户请求处理率	100%	100%	职能部门的检查结果	如不属于职责范围或依现有能力不能处理的，应给客户以合理的解释
客户诉求处理及时率	100%	100%	职能部门的检查结果	
回访率	100%	100%	职能部门的检查结果	

七、员工管理

项目	基本目标	挑战目标	评定方法
工作纪律	一般违纪少于1人次/月；被公司通报少于1人次/季；无被开除的员工	一般违纪少于1人次/月	职能部门的检查、通报结果
员工宿舍	被公司通报批评的次数少于1次/季	被公司通报批评的次数为0	职能部门的检查、通报结果
办公场所	符合公司要求		职能部门的检查结果
沟通	主任熟悉50%以上的员工，认识80%以上的员工，直接熟悉全部直接下属	主任熟悉80%以上的员工，认识95%以上的员工；直接上级熟悉全部直接下属；主管以上人员熟悉50%以上的非直接下属	职能部门的检查结果

八、档案管理

项目	基本目标	挑战目标	评定方法	备注
住户档案	完整率98%；正确率98%	完整率100%；正确率100%	职能部门的检查结果	签订责任书后形成的档案
小区基本资料	完整率98%	完整率100%	职能部门的检查结果	签订责任书后形成的档案
质量记录	完整率98%；真实率100%	完整率100%；真实率100%	职能部门的检查结果	签订责任书后形成的档案
员工档案	名册、岗位证书完整	确定责任人；分类存放整齐；拿取方便；保密；编号完整	职能部门的检查结果	签订责任书后形成的档案
档案保管	确定责任人；存放整齐；拿取方便；保密	确定责任人；分类存放整齐；拿取方便；保密；编号完整	职能部门的检查结果	签订责任书后形成的档案

九、计划管理

项目	基本目标	挑战目标	评定方法	备注
计划制订	合理；可执行；年度计划调整率20%以内；月度计划调整率5%以内	合理；可执行；年度计划调整率10%以内；月度计划调整率0%以内	职能部门的检查结果	突发性或指令令性事件除外
及时性	因延迟上报或执行受到通报的次数少于1次/季	无因延迟上报或执行受到的通报	职能部门的检查结果	
执行	年度计划执行率80%；月度计划执行率95%；执行合格率100%	年度计划执行率90%；月度计划执行率100%；执行合格率100%	职能部门的检查结果	

十、创建工作

项目	基本目标	挑战目标	评定方法	备注
安全文明小区（市级）	通过	标兵小区；排名前3位	政府部门评定	创建或复检
物业管理优秀小区（国家、省、市、区级）	通过	优秀小区；排名前3位	政府部门评定	创建或复检
园林、花园式小区（市、区级）	通过		政府部门评定	

十一、费用收缴

项目	基本目标	挑战目标	评定方法	备注
已入住	季收缴率90%	月收缴率90%；季收缴率100%	财务部审核	入住情况发生变化的按相应标准执行
办理入伙未入住	季收缴率90%	季收率90%	财务部审核	入住情况发生变化的按相应标准执行
已售但未办理入伙	年收缴率90%	年收缴率90%	财务部审核	入住情况发生变化的按相应标准执行
未销售	按委托管理合同执行		财务部审核	入住情况发生变化的按相应标准执行

十二、培训

项目	基本目标	挑战目标	评定方法	备注
新员工	3个月内熟悉本岗位职责能运用	1个月内熟悉本岗位职责并能熟练运用	职能部门的检查结果	
岗位培训效果	95%的员工熟悉本岗位职责及操作规程	100%的员工熟悉本岗位职责及操作规程	职能部门的检查结果	
师资力量的培养	能满足管理处自行组织培训的要求	可为公司相关业务的培训提供培训人员	公司相关部门的认可	

续表

项目	基本目标	挑战目标	评定方法	备注
培训教材	能满足管理处自行组织培训的要求并整理成书面教材	成为公司培训教材的组成部分	公司相关部门的认可	
考核	按规定进行考核并形成记录；合格率95%	合格率100%；有结果分析及可行的改进措施	职能部门的检查及日常工作的效果检验	

十三、人才培养（相关管理处）

项目	基本目标	挑战目标	评定方法	备注
管理处主任	1人	2人	公司相关部门的考核	
安全主管	1人	2人	公司相关部门的考核	
客户服务主管	1人	2人	公司相关部门的考核	
客户服务人员	3人	5人	公司相关部门的考核	
清洁班长	2人	3人	公司相关部门的考核	
保安分队长	2人	3人	公司相关部门的考核	
维修班长	2人	3人	公司相关部门的考核	

（四）质量目标的管理

质量目标制定好后，物业公司应将质量目标逐级展开、落实到各部门和每个员工身上。为使质量目标的实施得到有效的控制，管理处经理应确保以下工作都得到有效实施：

1.制订实施计划或实施方案

质量目标展开后，要求具体负责实施的部门或负责人，根据每项质量目标编制实施计划或实施方案（又称活动计划书或措施计划表）。在实施计划或方案中，应包括实现这项质量目标存在的问题点、当前的状况、必须采取的措施项目、要达到的目标、什么时间完成、由谁负责执行及措施项目的重要程度等。

下面提供一份××物业公司质量目标管理方案，仅供参考。

> **▌ 范本**
>
> ## 质量目标管理方案
>
> 1.目的
>
> 明确实现目标的管理办法，将公司质量目标分解到各部门。
>
> 2.适用范围
>
> 适用于公司各部门及各物业管理处。
>
> 3.质量目标分解及管理方案
>
> 3.1 保持《全国物业管理示范大厦（住宅小区）标准及评分细则》的管理水平。
>
> 3.1.1 相关责任部门：各管理处。
>
> 3.1.2 计算方法：公司一年中对部门进行考核检查的历次分数之和÷一年的检查次数。

3.1.3 计算频率：1次/年。

3.1.4 管理方案：

（1）各部门严格按"国优标准"进行日常管理服务。

（2）公司每两个月按照《全国物业管理示范大厦（住宅小区）标准及评分细则》，严格要求和检查各项服务工作。

（3）各部门负责现场不合格项的整改，质量管理部负责不合格项整改情况的验收。

3.2 设备完好率≥98%。

3.2.1 相关责任部门：各管理处。

3.2.2 计算频率：1次/月。

3.2.3 管理方案：

（1）严格执行"设备设施管理程序"及相关的作业指导书，管理处负责设备设施的日常巡视维护，并建立内部监督机制。

（2）公司定期对管理处的设备维护情况进行监督检查，并跟踪其不合格项目的整改。

（3）每年制订详细的设备检修计划并执行。

3.3 房屋完好率≥98%。

3.3.1 相关责任部门：管理处。

3.3.2 计算频率：1次/月。

3.3.3 管理方案：

（1）制订建筑物年度养护计划并严格执行。

（2）严格执行建筑物程序文件及作业指导书，实行管理处内部、公司、客户三方面的监督检查，确保目标实现。

3.4 有效投诉率＜2‰。

3.4.1 相关责任部门：公司及各部门。

3.4.2 计算方法：年度有效投诉事件数量÷业主总数×100%。

3.4.3 计算频率：1次/年。

3.4.4 管理方案：

（1）公司负责接待有效投诉。

（2）各管理处负责投诉处理措施的具体实施及回访，要严格执行客户投诉处理等程序。

（3）质量管理部负责监督检查其处理结果。

3.5 投诉处理率达100%。

3.5.1 相关责任部门：各管理处。

3.5.2 计算方法：已处理的投诉事件总数÷（月有效投诉事件数＋月一般投诉事件数）×100%。

3.5.3 计算频率：1次/月。

3.5.4 管理方案：

（1）严格执行"客户投诉处理程序"，及时根据合适的措施处理客户的投诉并进行回访，最终让客户满意。

（2）通过意见调查等各种渠道及时了解客户的需求，解决客户的困难，把投诉消除在事发之前。

3.6 客户满意率≥95%。

3.6.1 相关责任部门：各管理处。

3.6.2 计算方法：各分项满意率＝回收的意见调查表满意总数÷回收的意见调查表单据总数×100%。

综合满意率＝各分项满意率之和÷分项项目数×100%。

3.6.3 计算频率：1次/半年。

3.6.4 管理方案：

（1）管理处每年对客户进行两次综合意见征询。

（2）管理处认真对调查的数据进行统计分析。

（3）及时按客户意见调查程序处理客户提出的意见和建议并进行回访，必要时采取纠正和预防措施并进行验证。

3.7 零修、急修及时率达100%。

3.7.1 相关责任部门：各管理处。

3.7.2 计算方法：维修及时的单据数÷（客户报修总数+非客户报修的维修单据总数）×100%。

3.7.3 计算频率：1次/月。

3.7.4 管理方案：

（1）制定完善的维修服务承诺并予以公开。

（2）加强员工质量意识培训。

（3）加强维修人员维修技能培训，并不定期进行考核。

3.8 零修、急修返修率＜1%。

3.8.1 相关责任部门：各管理处。

3.8.2 计算方法：本月返修的单据总数÷报修与非报修的单据总数×100%。

3.8.3 计算频率：1次/月。

3.8.4 管理方案：

（1）提高员工的维修服务技能，加强员工专业技术知识的培训。

（2）严格执行投诉有关程序，正确理解客户的需求。

3.9 管理人员年培训小时数≥20。

3.9.1 相关责任部门：各部门。

3.9.2 计算方法：部门所有管理人员年度培训小时数之和÷部门管理人员人数。

3.9.3 计算频率：1次/年。

3.9.4 管理方案：

（1）根据部门年度培训计划，制订切实可行的实施计划。

（2）根据部门员工的实际情况，及时开展培训工作，提高员工综合素质。

（3）通过每月的效果评估，找出本部门培训工作中存在的问题，并及时进行改进。

3.10 操作层员工年培训小时数≥24。

3.10.1 相关责任部门：各部门。

3.10.2 计算方法：部门所有操作层员工年度培训小时数之和÷部门操作层员工人数。

3.10.3 计算频率：1次/年。

3.10.4 管理方案：

（1）根据部门年度培训计划，制订切实可行的实施计划。

（2）根据部门员工的实际情况，及时开展培训工作，提高员工综合素质。

（3）通过每月的效果评估，找出本部门培训工作中存在的问题，并及时进行改进。

3.11 管辖区内无重大安全责任事故。

3.11.1 相关责任部门：各管理处。

3.11.2 计算频率：1次/年。

3.11.3 管理方案：

（1）建立专业化的保安队伍和维修服务队伍，实行24小时值班制度。

（2）实行责任区制度，定岗、定人，加强各岗位员工技能培训。

（3）严格执行质量管理相关程序及作业指导书。

3.12 清洁绿化管理水平达到《全国物业管理示范大厦（住宅小区）标准及评分细则》（详见本方案之3.1）。

4.统计

4.1 根据以上计算频率及计算方法，分月度和年度统计到"质量目标月度统计表"及"质量目标年度统计表"（半年及以上周期的目标均统计到此表中）。并根据质量目标达成情况及时对百分率进行调整。

4.2 各管理处综合管理部负责按月度和年度统计各项质量目标，报部门负责人或授权负责人审核后交复印件给质量部，为公司分析质量目标达成情况提供依据。

5.支持性文件及记录

5.1 质量目标月度统计表。

5.2 质量目标年度统计表。

2.向全员传达和宣传

（1）及时公布物业公司的质量目标，最好用简洁的语言来表达，使员工能一看就懂，一读就记住。

（2）通过层层展开，将物业公司的质量目标落实到具体部门，直至落实到员工个人头上。

（3）将质量目标转化为员工的工作任务，使员工切身体会实现质量目标的过程。

（4）对质量目标的实施情况进行考核或检查，以督促员工加深对质量目标的理解。

（5）采用多种宣传形式宣传质量目标，如学习、讨论、宣讲、黑板报、广播、标语、征文比赛、知识竞赛等。

3.实施

即将质量目标转化为员工各自的工作任务，必须做到图1-10所示的几点。

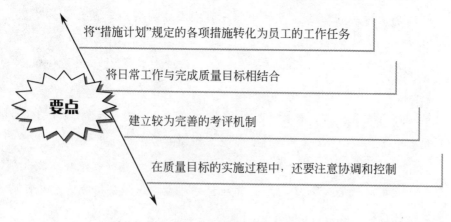

要点

将"措施计划"规定的各项措施转化为员工的工作任务

将日常工作与完成质量目标相结合

建立较为完善的考评机制

在质量目标的实施过程中，还要注意协调和控制

图1-10 实施质量目标的要点

4.定期对质量目标进行测量和考核

对质量目标的完成情况，应定期进行测量。对物业公司年度质量目标的完成情况，至少应在年中和年末进行两次大的测量。与正常工作直接相关的质量目标，则应按月进行测量。

（1）对按月进行测量的质量目标进行统计

按月进行测量的质量目标一般涉及质量指标或其他生产经营指标，如生产销售指标、顾客投诉指标等。对这样的指标应每月统计，并与历史同期及预定目标进行对比，如表1-2所示。

表1-2 质量目标月度统计表

部门： 日期：

序号	质量指标	统计方法	计算百分率	标准	结果	备注
1	房屋完好率	当月"建筑物巡视维护表"中每日完好率之和÷当月天数×100%		≥98%	□合格 □不合格	
2	投诉处理率	已处理的投诉事件总数÷当月有效投诉与一般投诉之和×100%		100%	□合格 □不合格	
3	零修、急修及时率	当月零修、急修及时的单据数÷零修、急修的单据总数×100%		100%	□合格 □不合格	
4	返修率	返修单据数÷零修、急修的单据总数×100%		<1%	□合格 □不合格	
说明	1.各部门根据实际情况填写，无相关系统的在相应的计算百分率栏画"/"。 2.根据计算结果，在"结果"栏相应的"□"内画"√"。					

审核： 统计： 归档：

日期： 日期： 日期：

（2）年中和年末的测量可以采用检查和考核两种方法进行

质量目标中涉及的质量管理体系工作，可以通过内部审核来测量。将审核结果与质量目标进行对比，可确定各项工作是否达到规定的要求，如表1-3所示。

表1-3 质量目标年度统计表

部门：　　　　　　　　　　　　日期：

序号	质量指标		统计方法	计算百分率	标准	结果	备注
1	有效投诉率		年度有效投诉件数÷业主总数×100%		<2‰	□合格 □不合格	
2	客户满意率	上半年	回收的意见调查表满意总数÷回收的意见调查表单据数×100%		≥95%	□合格 □不合格	
		下半年	回收的意见调查表满意总数÷回收的意见调查表单据数×100%		≥95%	□合格 □不合格	
3	物业管理水平		年度对部门历次检查分数之和÷检查总次数		平均分在98分以上	□合格 □不合格	
4	辖区重大安全责任事故		年度辖区共发生安全责任事故件数		0	□合格 □不合格	
5	管理人员年度培训小时数		部门所有管理人员年度培训小时数之和÷部门管理人员人数		≥20	□合格 □不合格	
6	操作层员工年度培训小时数		部门所有操作层员工年度培训小时数之和÷部门操作层员工人数		≥24	□合格 □不合格	
说明			1.各部门根据实际情况填写，无相关系统的在相应的计算百分率栏画"/"。 2.根据计算结果，在"结果"栏相应的"□"内画"√"。				

审核：　　　　　　　　　统计：　　　　　　　　　归档：

日期：　　　　　　　　　日期：　　　　　　　　　日期：

（3）对测量的结果一定要进行考核，并给予必要的奖惩

对质量目标完成得好的部门或人员，应及时进行奖励，以促使他们更加努力；对完成得不好的部门或人员，应在查清原因、分清责任、制定纠正措施的基础上，给予必要的惩处。

下面提供一份××物业公司质量目标考核统计表的范本，仅供参考。

■ 范本

公司质量目标考核统计表

序号	项目	责任部门	计算公式或考核方式	考核周期	目标要求	考核结果
一、公司总体管理目标						
1	重大安全责任事故	管理处	无	年	0	
2	重大设备责任事故	管理处	无	年	0	
3	工伤保险投保率	综合事务部	$\dfrac{\text{参保人数}}{\text{公司总人数}} \times 100\%$	年	10%	
4	员工健康体检率	综合事务部	$\dfrac{\text{体检人数}}{\text{公司总人数}} \times 100\%$	年	100%	
5	对各种垃圾进行分类处理	管理处	查验垃圾分类处理的相关证据	按方案期限	对可回收垃圾进行回收;对危险废弃物进行无害化处理;将建筑/装修垃圾运送至指定堆放场	
6	设备房及地下值班室通风及温湿度控制	管理处	现场观察及测试	按方案期限	改善通风条件,将机房温度控制在26.5～36.5℃,潮湿度控制在74%～85%	

续表

序号	项目	责任部门	计算公式或考核方式	考核周期	目标要求	考核结果
7	高空作业（外墙清洁、维护和安装施工）	管理处	人/物坠落发生次数÷高空作业总次数×100%	半年	高空坠落（人/物）的事故发生率为0	
8	消防安全	管理处	无	半年	火灾发生率为0	
二、部门管理分目标						
1	员工岗位培训合格率	品质督导部	培训合格人数÷参加培训人数×100%	季度	100%	
2	管理人员持证上岗率	综合事务部	持证人数÷管理人员×100%	季度	100%	
3	外接物业管理面积	物业发展部	查合同	半年	10万平方米/年	
4	建筑结构设施完好率	管理处	1-（损坏点×0.005）	年	98%	
5	维修及时率	管理处	及时修理次数÷报修项目总次数×100%	季度	99%	
6	维修合格率	管理处	维修质量合格项目数÷维修总项目数×100%	季度	100%	
7	高空作业（外墙维护和安装施工）	管理处	人/物坠落发生次数÷高空作业总次数×100%	半年	高空坠落（人/物）的事故发生率为0	

续表

序号	项目	责任部门	计算公式或考核方式	考核周期	目标要求	考核结果
8	报修（故障）到场时间	管理处	查维修单	季度	≤25分钟	
9	管理服务满意率	管理处	满意项目数÷调查的总项目数×100%	半年	95%	
10	投诉处理率	管理处	投诉处理宗数÷投诉总宗数（查投诉记录）×100%	半年	100%	
11	绿地养护完好率	管理处	良好绿地面积÷总绿地面积×100%	半年	占地面积95%以上	
12	物业管理服务费用收缴	管理处	各种费用收缴额÷应收费用额×100%	半年	98%以上	
13	对各种垃圾进行分类处理	管理处	查验垃圾分类处理的相关证据	半年	对可回收垃圾进行回收；对危险废弃物做无害化处理；将建筑／装修垃圾运送至指定堆放场	
14	高空作业（外墙清洁）	管理处	人／物坠落发生次数÷高空作业总次数×100%	半年	高空坠落（人／物）的事故发生率为0	
15	大型设备完好率	管理处	大型设备完好台数÷全部大型设备台数×100%	年	100%	
16	中小型设备完好率	管理处	中小型设备完好台数÷中小型设备总台数×100%	年	99%	

续表

序号	项目	责任部门	计算公式或考核方式	考核周期	目标要求	考核结果
17	设备房及地下值班通风及温湿度控制	管理处	现场观察及测试	按方案期限	改善通风条件,将机房温度控制在26.5~36.5℃,湿温度控制在74%~85%	
18	报修(故障)到场时间	管理处	查验维修记录	季度	≤25分钟	
19	电梯故障(因人抢修)到场时间	管理处	查验电梯维修记录	半年	≤20分钟	
20	日常监督检查	管理处	查验日常工作检查记录	季度	每月对各项服务工作的全面检查次数不少于2次;每次的检查记录必须在1个工作日之内签发,并按整改期限对整改事项进行跟踪、验证,以确保整改合格	
21	因管理责任发生的重大刑事案件	管理处	无	半年	0	
22	因管理责任造成的汽车丢失或严重损毁	管理处	无	半年	0	
23	火灾事故	管理处	无	半年	0	

品质督导部: 统计日期: 审批:

5.定期评审质量目标的实施情况

一般来说，年度质量目标的评审可以在年中测量后进行一次，在年末测量后与管理评审同时进行一次。但若年中评审中的两大评审内容所涉及的问题可能在其他时候发生，这时就需要进行临时性评审。临时性评审的方法与年中评审是相同的，侧重点可视问题的性质而定。评审应由物业公司的最高管理者主持，有关的部门负责人参与，逐项进行。

6.严格控制质量目标的修订

一般来说，物业公司的中长期质量目标是与质量方针一起修订的。这种修订与制定质量目标几乎完全相似，经常性修订是指涉及年度质量目标的修订。质量目标修订所涉及的文件要按物业公司的文件控制程序进行。物业公司的质量目标修订后，可能涉及部门或个人的质量目标。下一级的质量目标也应根据上一级的质量目标进行修订，包括对措施责任人和完成时间的修订。由于质量目标的修订涉及面较广，因而应尽量避免对质量目标做大的修订。表1-4为某物业公司的质量方针目标修订申请表。

表1-4　质量方针目标修订申请表

申请人		申请日期	
申请修订项目			
修改原因			
总经理审批意见	签名：　　　　　　　　　日期：		
备注			

三、建立质量信息管理过程

ISO 9000标准中规定：组织应确定、收集和分析适当的数据，以证实质量管理体系的适宜性和有效性，并评价在何处可以持续改进质量管理体系的有效性。因而，物业公司在进行数据分析时应提供以下有关信息：

（1）业主满意。

（2）与服务要求的符合性。

（3）过程和服务的特性及趋势。

（4）供方。

建立质量信息管理过程的目的是评价质量目标（包括各项指标）的完成情况，以确定需要改进的区域。质量信息的管理过程包括质量信息的名称、记录、传递、统计、分析、报告方式以及相关职责。

物业公司应建立一套统计报表，定期检查、考核各级和各职能部门质量指标的完成情况，促进并激励员工为实现质量目标而不断积极进取。还应充分利用统计工具，对大量的质量信息进行汇总分析，找出主要问题（包括潜在的），提出改进的建议和要求。

四、改进内部质量体系审核

一个物业公司不仅要积极开展内部质量体系审核，还应根据自身的具体情况开展服务和关键过程的质量审核。通过分析每月服务质量审核和过程质量审核积累的数据，可验证服务质量和过程质量的波动情况以及质量管理体系是否得到有效实施。

（一）内部质量体系审核的缺点

内部质量体系审核大有改进的必要。目前，大多数物业公司的做法基本与认证审核相同，即由兼职的内审员每年集中几天时间对所涉及的体系要素和部门全面审核一次，这样做的缺点有：

（1）将内审作为一种临时的任务，而不是重要的、日常的工作，不能引起各级领导和员工应有的重视。

（2）内审员全部是兼职的，一年只做几天的审核工作，审核经验少、不熟练，审核能力难以提高，审核结果的有效性差。

（二）分散式审核的特点

据了解，欧美发达国家的企业很少采用集中式的内部质量体系审核，而是多采用分散式审核的方式，分散式审核的特点如下：

（1）设立一名专职人员，负责内部质量体系审核和质量信息的统计分析工作。

（2）如果每月进行一次审核，每次审核一个或两个部门，则可以在一个审核周期内对质量体系涉及的各个部门和要素至少审核一次。

（3）对薄弱的和重要的区域，应增加审核的频次，在一个审核周期内安排2次甚至3次审核，以督促其改进。

（4）每次审核由专职人员担任组长，再配上一名或两名具备相关能力的兼职内审员。

（5）专职人员负责编制年度滚动审核计划和每次审核的计划，对不合格项进行跟踪和验证，并编写审核报告。

（三）分散式审核的优点

（1）将内部质量体系审核当作一项日常工作，有专人负责并使之经常化。

（2）总审核天数比集中式审核大大增加，使审核更加深入、细致。

（3）专职人员审核经验多、审核能力高、责任心强，极大地提高了审核结果的有效性。

五、认真做好管理评审

管理评审的目的是确保物业 ISO 9000 质量管理体系持续具有适宜性、充分性和有效性，是一项具有重要意义的质量管理工作。做好管理评审将促进物业公司的服务质量不断改进，业绩不断提高，使物业 ISO 9000 质量管理体系不断完善，因此，物业公司的最高管理者应对管理评审给予足够的重视。

做好管理评审应重点抓好以下几点：

（一）明确管理评审的内容

（1）评价内部质量体系审核报告，重点关注纠正措施结果的有效性、需要管理层研究解决的问题，以及对薄弱环节采取的措施。

（2）评价对业主抱怨的处理结果，并研究防止今后再发生的措施；评价业主满意度的变化趋势。

（3）评价服务和过程质量的分析结果，提出进一步提高质量（解决潜在的质量问题）的方向、目标和要求。

（4）评价质量方针和质量目标的完成情况，对完成较差的项目要研究解决措施；必要时，修订质量方针。

（5）评价物业公司结构和资源是否适应当前发展的需要。

（二）做好管理评审前的准备

（1）内部质量审核报告。内审报告体现了一个审核周期内整个质量管理体系的符合性和有效性，应明确提出需要管理评审讨论和解决的问题及建议。

（2）业主抱怨和满意度分析。利用统计工具直观地显示业主抱怨的件数、分类比重，并与上一评审周期进行比较，对业主抱怨较多的项目提出建议及解决方案。

（3）利用统计工具对服务和过程质量审核的结果进行汇总分析，说明服务和过程质量的变化趋势，并提出需要改进的项目和建议。

（4）质量方针和质量目标完成情况的分析资料，包括未完成项目的原因、对策和建议。

（5）其他需提交管理评审讨论和解决的问题。

（三）开好管理评审会议，做好记录

（1）签到、发放会议资料。

（2）最高管理者提出拟讨论的内容和议题。

（3）听取质量管理体系运行报告。

（4）各部门汇报有关工作情况，提出意见和建议。

（5）对议题逐项讨论，做出决议。

（6）体系推进部门应安排专人做好评审的详细记录，并予以保存。

（7）体系推进部门根据评审结果编写评审报告，明确评审后输出的改进要求，并经最高管理者批准后，印发给各有关部门实施改进。

（四）跟踪验证管理评审决议

（1）对于管理评审中存在或潜在的问题，为防止其再发生，由体系组按照管理评审的要求，进行纠正、预防措施立项，并由各有关部门组织纠正、预防措施的实施。

（2）管理者代表在规定的时间内，组织对立项内容进行验证，直至有效。

第三节　质量体系的文件化

一、ISO 9000质量体系文件的内容

公司 ISO 9000 质量体系文件通常包括：

（一）质量手册

质量手册主要用来阐明公司的质量方针、质量目标，描述公司的质量体系。对内是实施公司质量管理的基本法规，对外是公司质量保证能力的证明文件。

（二）程序文件

程序文件是质量管理体系中最重要的组成部分，它是为控制各项影响质量的活动而制定的，是质量手册的支持性、基础性文件，是对质量管理体系要素的策划，是质量管理体系有效运行的主要条件和依据，即在物业服务项目管理的过程中，通过物业公司的服务、经营、管理等行为，让业主、租户得到满意。

（三）作业规程

程序文件是由中间层依据上述目标，相互沟通确定应由哪一部门、哪些人做哪些事，以及完成后应流向哪一部门。

作业规程是公司质量体系文件的展开、支持和细化。它是依据物业管理工作的实施操作而进行的，每一个作业规程均描述了一项具体工作应当怎样进行或进行的依据、要求和规范。全部作业规程之和便构成了整个物业管理服务工作的全部操作要求。

（四）表格、记录

用来印证服务过程是否按照规定的要求来完成，服务是否达到规定的标准，品质系统是否在有效的运作。

二、质量体系文件编写的基本要求

质量体系文件编写的基本要求，如图1-11所示。

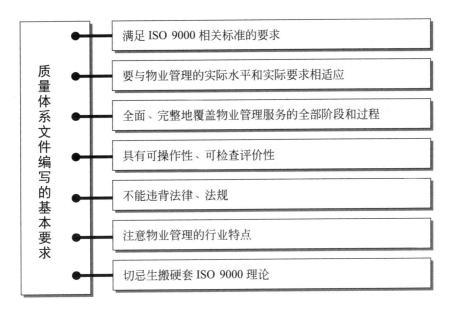

图1-11　质量体系文件编写的基本要求

三、质量体系文件的编写顺序

（1）首先结合ISO 9000的基本要素和标准要求反思自身的工作。

（2）在充分理解ISO 9000要素的基础上，着手将公司所有管理服务加以分类和归纳。

（3）写出编写大纲。

（4）画出每一个作业规程的作业流程图。

（5）开始着手编写。先编"作业规程"，解决怎样操作的问题；再编"程序文件"，解决怎样控制实施的问题；最后编"质量手册"。

四、质量体系文件的编写原则

质量手册编写的基本原则，如表1 5所示。

表1-5　编写的基本原则

序号	编写原则	具体说明
1	说你要做的	编写时一定要结合自己的工作实际，需要做什么就写什么，ISO 9000文件就是对工作及其要求的真实反映
2	该说的一定要全面	物业公司的ISO 9000文件，特别是作业规程，一定要全面。编制ISO 9000作业规程时，应力求全面、真实地反映工作的实际需要，凡是不编制文件就可能引起工作失误的内容，都应当用作业规程加以描述和控制
3	重新反思管理	编制作业规程的同时也是对现行工作进行认真反思的过程。"反思"就是依据ISO 9000标准和现代企业管理的要求，从效益、制约、成本、创新上反思原有的管理水平，找到不足后加以改进。ISO 9000文件决不仅是对原有工作的归纳和总结
4	预防为主	ISO 9000文件，特别是作业规程，建立的目的是规范员工的工作行为，确保工作质量。因此，在编制文件时一定要将物业管理服务工作中可能发生的问题在文件上用规程、制度加以预防。文件的主要作用就是通过建立完善的工作制度，法制化地预防、制约工作失误
5	持续改进	不应认为一次性编制完ISO 9000文件就可以健全法制、杜绝隐患，就可以一劳永逸。编制、修改作业规程是一项永久的工作
6	语言通俗易懂、繁简适宜	编制的作业规程应让最基层的员工看明白
7	结合物业管理文件编写	编制文件引用标准要素时，一定要结合物业管理的特点、所管物业的特点

学习回顾

1.物业服务质量管理有什么特点？

2.如何对业主进行情感管理？

3.质量方针应包含哪些内容？

4.如何制定质量目标？

5. ISO 9000 质量体系文件包含哪些内容？

6. 质量体系文件的编写原则是什么？

学习笔记

_____

_____

_____

_____

_____

第二章
Chapter two

物业服务标准化

🎯 **本章学习目标**

1. 了解物业服务标准化的常识。
2. 了解物业服务标准化运作的常识。

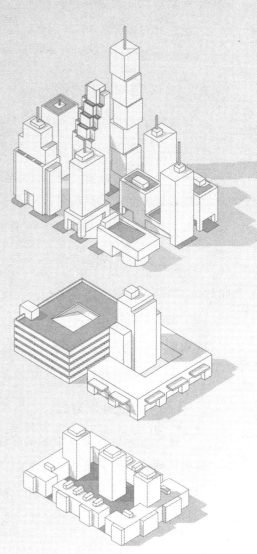

第一节　物业服务标准化概述

一、物业服务标准化的发展

1989年4月1日起施行的《中华人民共和国标准化法》是我国标准化工作的基本法。根据制定标准的主体以及效力的不同，《中华人民共和国标准化法》分为国家标准、行业标准、地方标准、团体标准、企业标准。国家标准又分为强制性标准、推荐性标准，行业标准、地方标准就是推荐性标准。

（一）国家标准方面

在国家标准方面，我国的《物业管理条例》规定了物业服务企业的权利、义务，以及按照物业服务合同的约定，向业主提供的服务。但对于物业服务标准，没有作进一步的详细规定。许多物业服务企业为提升自身的服务水平，通常自愿采用质量、环境及职业健康安全等管理体系系列标准，这些标准均属于国家推荐性标准（GB/T）。

（二）地方标准方面

在地方标准方面，深圳、北京、上海、重庆、天津、成都等地地方政府先后颁布了住宅小区类物业服务及服务等级评定标准。虽然较好地规范了当地物业服务企业的服务活动，但是，相关标准无论从系统性还是普及性方面，还不能覆盖物业服务的全部内容。

（三）行业标准方面

在行业标准方面，中国物业管理协会于2004年印发了《普通住宅小区物业管理服务等级标准（试行）》。建设部先后发布、修订了《全国物业管理示范住宅小区（大厦、工业区）标准及评分细则》，即物业管理行业通称的"国优标准"。由于该标准是参加全国物业管理示范大厦、工业区、住宅小区三种类型物业项目评比的考评验收标准，对未申报"国优"的物业服务企业和项目只有示范性而不具有统一性，因此，只能算作"准"行业标准。

（四）企业标准方面

在企业标准方面，鉴于市场和顾客的要求，以及国家、行业和地方标准的现实状况，一些具备一定实力、重视标准化管理的物业服务企业先后制定发布了企业内部的管理和服务标准，这对于促进行业物业服务标准化具有很大的促进作用。

附：

四川省成都市《住宅物业服务等级规范》（节选）

4 总则

4.1 住宅物业服务包括综合服务、共用部位及共用设施设备运行和维修养护、装饰装修管理、公共秩序维护、环境卫生维护、绿化养护、创新服务七项内容。每项内容划分为五个等级，一级为最低等级，五级为最高等级，高一等级的要求要包含相应低一等级的要求。

4.2 本标准分项、分级表述住宅物业服务的具体内容和要求，可供物业服务合同双方当事人分项、分级采用，协商选择服务等级组合。

4.3 本标准中涉及的物业共用部分的维修养护为日常维修养护工作，不包括应当使用专项维修资金的情形。

4.4 服务内容中涉及的电梯、空调等共用设施设备硬件及物业服务人员的数量，遵循"合同约定"原则，由物业服务合同双方根据共用设施设备硬件及物业服务人员配置情况来确定。

4.5 除非本标准有更高要求，住宅物业服务应符合现行的国家有关法规和标准。

5 综合服务

5.1 一级标准

应符合下表的规定。

综合服务一级标准的内容及要求

项目	内容及要求
服务场所	1.有客户服务场所，至少应配备办公桌椅、电话 2.客户服务中心公示物业服务人证照，项目主要服务人员姓名、照片、岗位信息，企业和项目负责人的信用信息，物业服务事项，服务标准，收费项目，收费标准（每年统计1次，酬金制项目按约定公示物业服务资金收支报告），共有部分经营情况，报修电话，三级投诉电话和需要公示的其他事项。有管务信息查询台。提供特约服务的，应公示服务项目、服务标准及收费标准 3.在物业服务公共区域内张贴物业服务记录和需要公示的其他事项。采用互联网方式记录服务的，记录应具有可追溯性 4.有管务公开栏及其他宣传栏，内容至少每半年更新1次 5.客户服务中心工作时间至少8小时；其他时间，物业服务区域内有值班人员
人员	1.专业岗位从业人员按照相关规定取得职业资格证书 2.一个物业服务区域配备1名项目负责人和1名专（兼）职安全管理人员。项目负责人应按规定建立个人信用信息档案，办理执业登记 3.从业人员统一着装，佩戴标志，规范服务，语言文明，主动热情 4.项目负责人及安全管理员每年至少完成企业内部安全培训24学时，客服人员每年至少完成企业内部安全培训12学时
合同	双方签订规范的（前期）物业服务合同，且合同权利、义务关系及安全责任明确
制度	1.有共用部位及共用设施设备维修养护、消防与安全防范、绿化养护、环境卫生、公共秩序维护等管理制度及管理服务规程 2.安全生产制度至少应当包括员工安全教育培训制度及应急管理预案 3.有物业服务和安全管理工作记录（含有效电子数据记录）
档案	1.有物业服务档案管理制度，有住户、房屋等基本档案内容 2.有档案资料管理规范 3.有档案资料柜
标志	1.重点部位按相关要求设有安全警示标志、消防标志、导向标志、指示标志及其他标志 2.有小区门、楼栋、单元、楼层、户门标志

续表

项目	内容及要求
客户服务	1.每年公示物业服务合同履行情况 2.重要物业服务事项应在主要出入口以书面形式公示 3.报修按双方约定时间到达现场，有报修、维修记录 4.对业主或物业使用人提出的意见、建议、投诉，在3个工作日内回复 5.按照国家或地方标准要求，每年组织一次物业服务客户满意度调查。对调查中业主反馈的问题，制定整改措施并回复。调查结果在物业服务区域公示 6.实施宠物管理制度与措施 7.出入口配有便民服务推车，小区户数在1000户以内的，推车配置数量不少于2辆；小区户数超过1000户的，1000户以上的部分按1辆/500户标准配置，不足500户的按500户计算 8.提供邮件代收服务
专项委托服务管理	1.签订专项服务委托合同，明确委托事项、服务质量和各方权利与义务 2.消防、电梯、水质检测、防雷检测、房屋检测等专业服务企业应符合相关行政主管部门的要求，操作人员应持有相应的职业资格证书 3.专业服务企业人员进入物业服务区域应统一着装、佩戴标志 4.对专项委托服务应有监督评价机制及监督评价记录
社区文化与安全建设	每年开展精神文明建设和安全宣传活动至少1次，内容应包括科学防疫、消防安全、食品卫生、生活垃圾分类、房屋及附属设施设备使用安全、环保及法律等知识

5.2 二级标准

应符合下表的规定。

综合服务二级标准的内容及要求

项目	内容及要求
服务场所	1.有客户服务中心，至少应配备办公桌椅、饮水机、电脑、电话 2.客户服务中心公示物业服务人证照，项目主要服务人员姓名、照片、岗位信息，企业和项目负责人的信用信息，物业服务事项，服务标准，收费项目，收费标准（每年统计1次，酬金制项目按约定公示物业服务资金收支报告），共有部分经营情况，报修电话，三级投诉电话和需要公示的其他事项。有管务信息查询台。提供特约服务的，应公示服务项目、服务标准及收费标准

续表

项目	内容及要求
服务场所	3.在物业服务公共区域内张贴物业服务记录和需要公示的其他事项。采用互联网方式记录服务的，记录应具有可追溯性 4.有管务公开栏及其他宣传栏，内容每季度更新1次 5.客户服务中心工作时间至少9小时，其他时间，物业服务区域内有值班人员。要公示24小时服务电话
人员	1.专业岗位从业人员按照相关规定取得职业资格证书 2.一个物业服务区域配备1名项目负责人和1名专（兼）职安全管理人员。项目负责人应按规定建立个人信用信息档案，办理执业登记 3.项目物业服务中心配备有客户经理 4.从业人员统一着装，佩戴标志，规范服务，语言文明，主动热情 5.项目负责人及安全管理员每年至少完成企业内部安全培训24学时，客服人员每年至少完成企业内部安全培训12学时
合同	双方签订规范的（前期）物业服务合同，且合同权利、义务及安全责任关系明确
制度	1.有共用部位及共用设施设备维修养护、消防与安全防范、绿化养护、环境卫生、公共秩序维护等管理制度及管理服务规程 2.安全生产制度至少应当包括员工安全教育培训制度、安全风险管控及事故隐患排查治理制度及应急管理预案 3.有物业服务和安全管理工作记录（含有效电子数据记录）
档案	1.有物业服务档案管理制度，有住户、房屋等基本档案内容，有电梯、消防等设施设备承接查验、运行、维修、养护档案资料，有门岗、报修、投诉等档案资料（含互联网电子档案资料） 2.档案资料管理规范、齐全、整洁、查阅方便 3.设有档案资料柜
标志	1.重点部位按相关要求设有安全警示标志、消防标志、导向标志、指示标志及其他标志 2.有小区门、楼栋、单元、楼层、户门标志
客户服务	1.每年公示物业服务合同履行情况 2.重要物业服务事项应在主要出入口以书面形式公示 3.报修按双方约定时间到达现场，有报修、维修记录。维修回访率不低于30% 4.对业主或物业使用人提出的意见、建议、投诉，在2个工作日内回复；投诉回访率不低于70%

续表

项目	内容及要求
客户服务	5.按照国家或地方标准要求，每年组织一次物业服务客户满意度调查。对调查中业主反馈的问题，制定整改措施并回复。调查结果在物业服务区域公示 6.实施宠物管理制度与措施 7.出入口配有便民服务推车，小区户数在1000户以内的，推车配置数量不少于4辆；小区户数超过1000户的，1000户以上的部分按1辆/400户标准配置，不足400户的按400户计算 8.提供邮件代收服务
专项委托服务管理	1.签订专项服务委托合同，明确委托事项、服务质量和各方权利与义务 2.消防、电梯、水质检测、防雷检测、房屋检测等专业服务企业应符合相关行政主管部门的要求，操作人员应持有相应的职业资格证书 3.专业服务企业人员进入物业服务区域应统一着装、佩戴标志 4.对专项委托服务应有监督评价机制及监督评价记录
社区文化与安全建设	1.每年至少开展2次精神文明建设和安全宣传活动，内容包括科学防疫、消防安全、食品卫生、生活垃圾分类、房屋及附属设施设备使用安全、环保及法律等知识 2.每年至少组织1次社区文化活动 3.社区文化有活动计划、有记录、有总结，相关资料齐全

5.3 三级标准

应符合下表的规定。

综合服务三级标准的内容及要求

项目	内容及要求
服务场所	1.有客户服务中心，至少应配备办公桌椅、饮水机、电脑、打印机、网络、电话 2.客户服务中心公示物业服务人证照，项目主要服务人员姓名、照片、岗位信息，企业和项目负责人的信用信息，物业服务事项，服务标准，收费项目，收费标准（每年统计1次，酬金制项目按约定公示物业服务资金收支报告），共有部分经营情况，报修电话，三级投诉电话和需要公示的其他事项。有管务信息查询台。提供特约服务的，应公示服务项目、服务标准及收费标准

续表

项目	内容及要求
服务场所	3.在物业服务公共区域内张贴物业服务记录和需要公示的其他事项。采用互联网方式记录服务的,记录应具有可追溯性 4.有管务公开栏及其他宣传栏,内容至少每季度更新1次 5.客户服务中心工作时间至少10小时;其他时间,物业服务区域内有值班人员。要公示24小时服务电话
人员	1.专业岗位从业人员按照相关规定取得职业资格证书 2.一个物业服务区域配备1名项目负责人和1名经过培训取证的专(兼)职安全管理人员。项目负责人应按规定建立个人信用信息档案,办理执业登记 3.项目物业服务中心配备有客户经理(或客服专员),每人服务户数应不高于400户 4.从业人员统一着装,佩戴标志,规范服务,语言文明,主动热情 5.项目负责人及安全管理员每年至少完成企业内部安全培训36学时,客服人员每年至少完成企业内部安全培训24学时
合同	双方签订规范的(前期)物业服务合同,且合同权利、义务及安全责任关系明确
制度	1.有共用部位及共用设施设备维修养护、安全生产(含消防与安全防范)、绿化养护、环境卫生、公共秩序维护等管理制度及管理服务规程 2.按照DB5101/T69建立完整的安全生产制度体系,并在主管部门进行应急预案告知性备案 3.有完整的人事管理制度、培训和考核制度 4.有物业服务和安全管理工作记录(含有效电子数据记录) 5.有包含便民服务指南内容的业主手册
档案	1.有物业服务档案管理制度,有住户、房屋等基本档案内容,有电梯、消防等设施设备承接查验、运行、维修、养护档案资料,有门岗、报修、投诉等档案资料(含互联网电子档案资料) 2.档案资料管理规范、齐全、整洁、查阅方便 3.有档案管理人员,并设有档案资料室 4.建立小区基础信息数据库,与街道、社区实现数据共享
标志	1.重点部位按相关要求设有安全警示标志、消防标志、导向标志、指示标志及其他标志 2.有小区门、楼栋、单元、楼层、户门标志 3.有小区平面示意图 4.有倡导文明、环保、健康生活的温馨提示标志 5.标志完整、清晰、明显

续表

项目	内容及要求
客户服务	1.每半年公示物业服务合同履行情况 2.重要物业服务事项应在主要出入口、各楼单元门以书面形式公示 3.水、电急修20分钟内、其他报修按双方约定时间到达现场；由专项服务企业负责维修的设备设施，应在30分钟内告知；维修回访率不低于50% 4.对业主或物业使用人提出的意见、建议、投诉，在2个工作日内回复；投诉回访率不低于80% 5.按照国家或地方标准要求每年组织一次物业服务客户满意度调查。对调查中业主反馈的问题，制定整改措施，并落实处理与回访。调查结果在物业服务区域公示 6.实施宠物管理制度与措施，设置宠物管理标志，严格管理，有园区犬只档案 7.出入口配有便民服务推车，小区户数在1000户以内的，推车配置数量不少于6辆；小区户数超过1000户的，1000户以上的部分按1辆/300户标准配置，不足300户的按300户计算 8.提供平板车借用服务 9.按约定投保物业共用部位、共用设施设备及公众责任保险 10.智能公共广播系统能播放广播与背景音乐 11.公共卫生间能正常使用 12.有无噪声、无干扰氛围管理服务措施，工作人员夜间值守、巡逻时佩戴对讲机耳麦，工作过程中要"说话轻、走路轻、操作轻" 13.每年至少组织1次业主恳谈会，组织业主参观1次共用设施设备机房 14.提供邮件代收服务 15.法定节假日进行节日氛围营造
专项委托服务管理	1.签订专项服务委托合同，明确委托事项、服务质量和各方权利与义务 2.消防、电梯、水质检测、防雷检测、房屋检测等专业服务企业应符合相关行政主管部门的要求，操作人员应持有相应的职业资格证书 3.专业服务企业人员进入物业服务区域应统一着装、佩戴标志 4.对专项委托服务应有监督评价机制及监督评价记录
社区文化与安全建设	1.每年至少开展2次精神文明建设活动，内容包括科学防疫、消防安全、食品卫生、生活垃圾分类、房屋及附属设施设备使用安全、环保及法律等知识 2.每年组织2次社区文化活动 3.有志愿者服务组织，并积极开展和参与社区关爱空巢老人、残障人士等便民、利民志愿服务活动 4.社区文化有活动计划、有记录、有总结，相关资料齐全

5.4 四级标准

应符合下表的规定。

综合服务四级标准的内容及要求

项目	内容及要求
服务场所	1.有客户服务中心，至少应配备办公桌椅、接待台、饮水机、电话、电脑、复印机、打印机、网络、办公收费系统 2.客户服务中心公示物业服务人证照，项目主要服务人员姓名、照片、岗位信息，企业和项目负责人的信用信息，物业服务事项，服务标准，收费项目，收费标准（每年统计1次，酬金制项目按约定公示物业服务资金收支报告），共有部分经营情况，报修电话、三级投诉电话和需要公示的其他事项。有管务信息查询台。提供特约服务的，应公示服务项目、服务标准及收费标准 3.在物业服务公共区域内张贴物业服务记录和需要公示的其他事项。采用互联网方式记录服务的，记录应具有可追溯性 4.在各楼栋单元公示楼栋管家姓名、联系方式和需要公示的其他事项 5.有管务公开栏及其他宣传栏，内容至少每季度更新1次 6.客户服务中心工作时间至少12小时；其他时间，物业服务区域内有值班人员。要公示24小时服务电话
人员	1.专业岗位从业人员按照相关规定取得职业资格证书 2.一个物业服务区域配备1名项目负责人和1名经过培训取证的专（兼）职安全管理人员。项目负责人应按规定建立个人信用信息档案，办理执业登记 3.项目物业服务中心配备有客户经理（或客服专员），每人服务户数应不高于300户 4.从业人员统一着装，佩戴标志，规范服务，语言文明，主动热情 5.项目负责人及安全管理员每年至少完成企业内部安全培训48学时，客服人员每年至少完成企业内部安全培训36学时
合同	双方签订规范的（前期）物业服务合同，且合同权利、义务及安全责任关系明确
制度	1.有共用部位及共用设施设备维修养护、安全生产（含消防与安全防范）、绿化养护、环境卫生、公共秩序维护等管理制度及管理服务规程 2.按照DB5101/T69建立完整的安全生产制度体系，并在主管部门进行应急预案告知性备案 3.有完整的人事管理制度、培训和考核制度 4.有物业服务和安全管理工作记录（含有效电子数据记录） 5.有包含便民服务指南内容的业主手册

续表

项目	内容及要求
档案	1.有物业服务档案管理制度，有住户、房屋等基本档案内容，有电梯、消防等设施设备承接查验、运行、维修、养护档案资料，有门岗、报修、投诉的档案资料（含互联网电子档案资料） 2.档案资料管理规范、齐全、整洁、查阅方便 3.有档案管理人员，并设有档案资料室 4.建立小区基础信息数据库，与街道、社区实现数据共享 5.应使用物业服务电子软件管理基本信息、基础资料、维修养护资料、收费资料等
标志	1.重点部位按相关要求设有安全警示标志、消防标志、导向标志、指示标志及其他标志 2.有小区门、楼栋、单元、楼层、户门标志 3.有小区平面示意图 4.有倡导文明、环保、健康生活的温馨提示标志 5.标志完整、清晰、明显，材质和设计风格应符合本项目的品质定位
客户服务	1.每半年公示物业服务合同履行情况 2.重要物业服务事项应在主要出入口、各楼单元门、电梯轿厢内以书面形式公示，并通过微信、短信、电子显示屏、公司统一对客线上平台等形式告知业主 3.水、电急修20分钟内、其他30分钟内到达现场；由专项服务企业负责维修的设备设施，应在30分钟内告知；维修回访率不低于80% 4.对业主或物业使用人提出的意见、建议、投诉，在1个工作日内回复；投诉回访率不低于90% 5.按照国家或地方标准要求每年组织不少于1次的第三方客户满意度调查。对调查中业主反馈的问题，制定整改措施，并落实处理与回访。调查结果在物业服务区域公示 6.实施宠物管理制度与措施，设置宠物管理标志和宠物便袋箱，严格管理，有园区犬只档案 7.出入口配有便民服务推车，小区户数在1000户以内的，推车配置数量不少于8辆；小区户数超过1000户的，1000户以上的部分按1辆/200户标准配置，不足200户的按200户计算 8.提供平板车借用服务 9.投保物业共用部位、共用设施设备及公众责任保险。 10.小区主出入口处设置电子显示屏，每天播放天气预报、物业管理信息，为业主发布字幕信息 11.智能公共广播系统每日能播放广播与背景音乐

续表

项目	内容及要求
客户服务	12.公共卫生间能正常使用，公共卫生间内的残疾人无障碍设施使用情况良好，无侵占、损坏等现象 13.有无噪声、无干扰氛围管理服务措施，工作人员夜间值守、巡逻时佩戴对讲机耳麦，工作过程中要"说话轻、走路轻、操作轻" 14.每年至少组织2次业主恳谈会，组织业主参观2次共用设施设备机房 15.提供邮件代收服务 16.法定节假日和传统节日进行节日氛围营造
专项委托服务管理	1.签订专项服务委托合同，明确委托事项、服务质量和各方权利与义务 2.消防、电梯、水质检测、防雷检测、房屋检测等专业服务企业应符合相关行政主管部门的要求，操作人员应持有相应的职业资格证书 3.专业服务企业人员进入物业服务区域应统一着装、佩戴标志 4.对专项委托服务应有监督评价机制及监督评价记录
社区文化与安全建设	1.每年至少开展3次精神文明和安全建设活动，内容包括科学防疫、消防安全、食品卫生、生活垃圾分类、房屋及附属设施设备使用安全、环保及法律等知识 2.每年组织4次社区文化活动，活动充分兼顾老、中、青、幼多层次业主需求 3.有志愿者服务组织，并积极开展和参与社区关爱空巢老人、残障人士等便民、利民志愿服务活动 4.社区文化有活动计划、有记录、有总结，相关资料齐全

5.5 五级标准

应符合下表的规定。

综合服务五级标准的内容及要求

项目	内容及要求
服务场所	1.有客户服务中心，至少应配备办公桌椅、接待台、饮水机、电话、电脑、打印复印一体机、网络、办公收费系统、物业服务自助终端机或者互联网服务系统平台 2.客户服务中心公示物业服务人证照，项目主要服务人员姓名、照片、岗位信息，企业和项目负责人的信用信息，物业服务事项，服务标准，收费项目，收费标准（每年统计1次，酬金制项目按约定公示物业服务资金收支报告），共有部分经营情况，报修电话，三级投诉电话和需要公示的其他事项。有管务信息查询台。提供特约服务的，应公示服务项目、服务标准及收费标准

续表

项 目	内容及要求
服务场所	3. 在物业服务公共区域内张贴物业服务记录和需要公示的其他事项。采用互联网方式记录服务的，记录应具有可追溯性 4. 在各楼栋单元公示楼栋管家姓名、联系方式和需要公示的其他事项 5. 有管务公开栏及其他宣传栏，内容至少每月更新1次 6. 客户服务中心工作时间至少14小时；其他时间，物业服务区域内有值班人员。要公示24小时服务电话
人员	1. 专业岗位从业人员按照相关规定取得职业资格证书 2. 一个物业服务区域配备1名项目负责人和1名经过培训取证的专(兼)职安全管理人员。项目负责人应按规定建立个人信用信息档案，办理执业登记 3. 项目物业服务中心配备有客户经理(或客服专员)，每人服务户数应不高于100户 4. 配备能提供中英双语服务的客户经理 5. 从业人员统一着装，佩戴标志，规范服务，语言文明，主动热情 6. 项目负责人及安全管理员每年至少完成企业内部安全培训60学时，客服人员每年至少完成企业内部安全培训48学时
合同	双方签订规范的(前期)物业服务合同，合同权利、义务及安全责任关系明确
制度	1. 有共用部位及共用设施设备维修养护、安全生产(含消防与安全防范)、绿化养护、环境卫生、公共秩序维护等管理制度及管理服务规程 2. 按照DB5101/T69建立完整的安全生产制度体系，并在主管部门进行应急预案告知性备案 3. 有完整的人事管理制度、培训和考核制度 4. 有物业服务和安全管理工作记录(含有效电子数据记录) 5. 有包含便民服务指南内容的业主手册
档案	1. 有物业服务档案管理制度，有住户、房屋等基本档案内容，有电梯、消防等设施设备承接查验、运行、维修、养护档案资料，有门岗、报修、投诉、投诉记录等档案资料(含互联网电子档案资料) 2. 档案资料管理规范、齐全、整洁、查阅方便 3. 有档案管理专员，并设有档案资料室 4. 建立小区基础信息数据库，与街道、社区实现数据共享 5. 应使用物业服务电子软件管理基本信息、基础资料、维修养护资料、收费资料等
标志	1. 重点部位按相关要求设有安全警示标志、消防标志、导向标志、指示标志及其他标志

续表

项目	内容及要求
标志	2.有小区门、楼栋、单元、楼层、户门标志 3.有小区平面示意图 4.有倡导文明、环保、健康生活的温馨提示标志 5.标志完整、清晰、明显，材质和设计风格应符合本项目的品质定位
客户服务	1.每季度公示物业服务合同履行情况 2.重要物业服务事项应在主要出入口、各楼单元门、电梯轿厢内以书面形式公示，并通过微信、短信、电子显示屏、公司统一对客线上平台等形式告知业主 3.水、电急修15分钟内、其他30分钟内到达现场；由专项服务企业负责维修的设备设施，应在30分钟内告知；维修回访率不低于100% 4.对业主或物业使用人提出的意见、建议、投诉有专人处理，并在12小时内回复；投诉回访率100% 5.按照国家或地方标准要求每年组织不少于1次的第三方客户满意度调查。对调查中业主反馈的问题，制定整改措施，并落实处理与回访。调查结果在物业服务区域公示 6.实施宠物管理制度与措施，设置宠物管理标志和宠物便袋箱，严格管理，有园区犬只档案 7.出入口配置有便民服务推车，小区户数在1000户以内的，推车配置数量不少于10辆；小区户数超过1000户的，1000户以上的部分按1辆/100户标准配置，不足100户的按100户计算 8.提供平板车借用服务 9.投保物业共用部位、共用设施设备及公众责任保险 10.小区主出入口处设置电子显示屏，每天播放天气预报、物业管理信息，为业主发布字幕信息 11.智能公共广播系统每日定时播放广播与背景音乐 12.公共卫生间能正常使用，卫生间内的残疾人无障碍设施、老年人及婴幼儿辅助设施使用情况良好，无侵占、损坏等现象 13.有无噪声、无干扰氛围管理服务措施，工作人员夜间值守、巡逻时佩戴对讲机耳麦，工作过程中要"说话轻、走路轻、操作轻" 14.每年至少组织2次业主恳谈会，组织业主参观2次共用设施设备机房 15.提供邮件代收服务 16.法定节假日和传统节日进行节日氛围营造
专项委托服务管理	1.签订专项服务委托合同，明确委托事项、服务质量和各方权利与义务 2.消防、电梯、水质检测、防雷检测、房屋检测等专业服务企业应符合相关行政主管部门的要求，操作人员应持有相应的职业资格证书 3.专业服务企业人员进入物业服务区域应统一着装、佩戴标志 4.对专项委托服务应有监督评价机制及监督评价记录

续表

项目	内容及要求
社区文化与安全建设	1.每年至少开展4次精神文明建设和安全宣传活动,内容包括科学防疫、消防安全、食品卫生、生活垃圾分类、房屋及附属设施设备使用安全、环保及法律等知识 2.每年组织6次社区文化活动,活动充分兼顾老、中、青、幼多层次业主需求 3.有志愿者服务组织,并积极开展和参与社区关爱空巢老人、残障人士等便民利民志愿服务活动 4.社区文化有活动计划、有记录、有总结,相关资料齐全

二、物业服务标准体系的构成

服务与产品的区别在于服务具有无形性。而物业服务既表现为提供劳务形式的无形产品,如秩序维护、客户服务等;又表现为与有形产品紧密结合在一起,如制冷供热、设备运行等。物业服务作为一种特殊的商品,其过程与结果具有一定的不确定性,其质量控制应以服务标准为衡量准则。

在实践中,物业服务企业一般将服务标准体系划分为图2-1所示的三个部分。

图2-1 物业服务标准体系的构成

完整的服务标准体系应包括服务基础标准、服务技术标准、服务提供规范和服务规范。

而服务提供规范是服务提供过程的管理标准，是实现服务规范的保障。

为了防止企业在制定服务标准时混淆服务提供规范和服务规范，便于企业标准化工作的开展，很多物业服务企业将服务标准体系划分为服务标准、管理标准与工作标准三个部分，这样更容易被企业各级员工所理解。

（一）服务标准

服务标准是对客户可以直接观察和评价的服务特性的统一规定，是企业开展服务工作的依据，是服务质量的评判准则。比如，物业委托管理合同中受托方的服务承诺，是衡量和判定物业服务效果的准则。总之，服务标准是企业标准化管理的基础和主体。

（二）管理标准

管理标准是针对服务标准化体系中需要协调统一的管理事项所制定的标准，是为了实现服务承诺所制定的物业服务标准的措施和保证。它涉及企业的经营管理、服务策划与创新、质量管理、设备与基础设施管理、人力资源管理、安全管理、职业健康管理、环境管理，信息管理等与服务标准相关联的重复性事物和概念。

（三）工作标准

工作标准是实现服务标准和管理标准的手段。主要指在执行相应管理标准和服务标准时与工作岗位职责、岗位人员基本技能、工作内容、要求与方法、检查与考核等有关的重复性事物和概念。管理标准和工作标准共同构成了服务提供规范。

物业服务标准的制定是依据顾客的服务需求和法规要求，从服务过程中找出共性的规则，对服务实际与潜在的问题作出统一规定，供共同和重复工作使用，并在预定的服务范围内获得最佳秩序的过程。物业服务企业对物业服务标准的制定和实施，以及对标准化原则和方法的运用，就是物业服务的标准化过程。

第二节 物业服务标准化运作

当前，物业服务逐渐走向规范化、专业化、标准化，已经成为行业的发展趋势。不论是从业主对物业服务提供的要求角度，还是从物业服务企业自身完善和适应市场，乃至物业服务行业发展的角度看，物业服务企业实施标准化运作模式非常必要。

一、物业服务标准化建设

物业服务标准化建设是一项长期的系统性工程，无法一蹴而就。物业服务企业开展标准化建设既需要有比较规范的物业标准体系，又需要不断对其加以完善和修订。

（一）标准化建设应不断适应市场和居民要求

标准化建设不能脱离市场环境和居民日益提高的需求，物业服务原本就是在市场需要和业主需求下产生的。早期的物业服务因市场环境不够成熟，业主需求缺乏个性化，服务内容简单粗放；而现在，物业管理行业的市场环境已经发生翻天覆地的变化，服务业态开始细分，智能化技术应用已经十分普遍，业主个性化定制服务需求层出不穷，物业服务市场化程度越来越高。面对新形势，物业服务企业不能完全脱离市场需求搞标准化建设，而是要紧盯市场变化和业主需求，不断调整标准化建设方向，建立与市场环境相适应的运营和服务标准。

对物业管理来讲，早期的物业服务以基础服务为全部内容，服务需求都是预设的和共同的，这种标准化逻辑还可以适用。但现在的物业管理已步入以多元化增值服务、行业跨界融合为特点的时代，形势正在发生根本性变化。客户在变，客户对服务内容和形式的需求也在变。以80后和90后为代表的新一代业主已成为主流客户，他们拒绝从众、崇尚特立独行、追求与众不同的需求心理，反映在物业服务上，就是他们首先关注的是自我需求与偏好是否得到关注与满足，而不是自身言行是否合乎管理要求、合同约定或条例规定。这是一个新的挑战，因为，服务交付环节面对的是人，每个顾客的需求、感受和反馈方式都不尽相同，能洞察和理解其需求已经不易，再让其感到满意就更加困难。这让很多物业服务企业感觉到极不适应——按合同办事没有错，但结果却屡屡受挫，于是，指责业主成为不少企业日常工作的一部分。

对此，物业服务企业应把重点放在"对社区资源和业主每一个需求点的精雕细琢"上，做社区经营，并不是传统意义上的物业管理。

比如，绿城物业一开始是从"基础服务"到"差异化服务"，后来又从"园区生活服务商"演变为当前的"幸福生活服务商"。很明显，前者是以共性服务为主、个性化服务为辅，后者则完全是以个性化的服务需求为导向。

（二）标准化建设应坚持规范的制定和现场的落地性

一提及标准化建设，不少物业服务企业往往想到的是推行ISO质量管理体系或其他的标准化组织认证；有些物业企业管理层以为花点钱通过管理体系认证，或者照搬别人的模式，将其他企业制定的标准文件拿来改头换面、现学现用，就是标准化建设；还有的企业没有从实际出发，把服务标准定得太高、太空，缺乏科学性、实践性和可操作性。这种思想认识上的片面性和不到位，让标准化建设在不少物业服务企业中遭遇了现实的尴尬。

从实际需要看，物业服务标准化应同时完成两个方向相反的任务，即"演绎"和"归纳"，如图2-2所示。

图2-2　物业服务标准化应完成的任务

没有前者，就不能切实提升现场的服务体验和管理效率；没有后者，就不能沉淀积累，举一反三，并推而广之。在这里，"演绎"要坚持"员工导向"，而"归纳"则应坚持"专家导向"，两者都是专业性和目标性很强的工作，不可偏废。

企业标准化建设的终极目标是更高的服务、管理和经营绩效。只有让各级员工的作业活动更加统一、优化和简化，这一目标才能得以实现。这既需要在标准落地环节坚持"员工导向"，立足为现场服务，让标准易学好用；也需要在标准制定与修订环节，坚持"从现场中来、从员工中来"的原则。

（三）标准化建设最终应立足于业主的体验而非规则

现在，整个物业服务行业普遍存在一个问题，就是用行业规范为业主提供所谓的标准化服务时，却忘了"人性化"。对物的管理是"标准化"，对人的管理是"人性化"，只有二者兼具，客户体验才会好。但是，没有标准的服务，对客户来说，是不专业的，是要给"差评"的。当然，良好的服务体验背后隐藏的是高标准。只有高质量的服务，才能给客户带来良好的体验，才能让客户满意，从而获得客户更高的评价。

随着社会及行业的发展，业主对物业服务的认知和期望，已不再停留在问题被解决的层次，而是期望在被服务的过程中，能够感受到服务提供者带来的精神层面的愉悦感，这就是一种服务体验。即便是同样的服务结果，也会因过程中注入了温暖、贴心、细致的服务内容，给业主带来更好的体验，从而提升业主的满意度。

业主对物业服务的评价往往是一种感觉，大致可以分为图2-3所示的七类。

图2-3 业主对物业服务评价的感觉

不同的群体，其需求也不同。在做好对物的管理的同时，应该更加关注对人的服务，这些需要和物业管理息息相关。从基础服务层面来讲，园区环境、秩序、设备运行与业主的日常生活密不可分，也是行业的本质所在。

比如，高考期间，有的物业服务企业推出高考免费接送车服务，并将此变成每年的标准动作，这可谓暖心之举。

（四）标准化建设应从对服务人员的控制转向支持

制造业流水线一直被视为标准化应用的最高水平，因为，每一个岗位都有标准化和通用性，在预设的、自始至终的、无差别的严格控制之下，员工既不需要个性发挥，也无须拥有创新能力。这一逻辑曾经在物业管理行业大行其道，标准化作为一种控制手段，得到了不断发挥，其中，常规性，如各种扣罚标准、规定动作标准、用语标准等，创新性，如融入移动互联网元素的移动考勤、实时远程监控等。但是，服务业与制造业有着根本不同，服务人员不仅是执行单元，更是决策中心，顾客体验取决于服务人员的态度和随机应变的能力。也就是说，服务品质掌握在服务人员手中，因此，他们必须要自我控制，而要做到这一点，他们需要的是更好的外部支持，而不是外部控制。

　　物业企业属于服务型企业，这就要求服务人员应具备较高的素质以及最佳的服务质量。同时，服务人员为业主提供的物业服务质量对业主的满意度有直接的影响作用。如果在整个物业企业管理过程中充分注意人的要素，充分发掘人的潜能，如对人的尊重、充分的物质激励和精神激励、给员工提供各种成长与发展机会、注重企业与个人的双赢等，就可以达到优化物业服务工作效果的目的。

二、物业服务标准化的实施

　　要实施物业服务标准化，首先要解决的问题是服务定位。物业公司应该采用从外部到内部、从基层到高层、从战略到操作的反向方式进行推进；在标准化物业服务运作模式推进过程中，还应注意保持相互之间的关联互通性。这其中，有图2-4所示的三个关键环节需要把握。

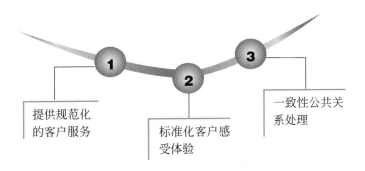

图2-4　物业服务标准化实施的关键环节

（一）提供规范化的客户服务

　　物业公司最重要的行为是为客户提供服务，制定规章制度、服务规范、运行手册时应从规范客户服务开始。比如，海尔公司的竞争优势表现为规范的客户服务，服务标准细化程度已经到了穿什么样的衣服、怎么敲客户的门、第一句话怎么说、第一件事怎么做、出门的时候如何打招。这些都非常值得学习与借鉴。

下面提供一份××物业公司客服人员的行为标准，仅供参考。

范本

××物业公司客服人员行为标准

一、仪容仪表

仪容仪表标准

部位	男性	女性
整体	自然、大方、得体，符合工作需要及安全规则。神采奕奕、充满活力、整齐清洁	
头发	头发要经常梳洗，保持整齐清洁、自然色泽，切勿标新立异	
发型	前发不过眉，侧发不盖耳，后发不触后衣领，无烫发	女员工发长不过肩，长发应束起或使用发髻
面容	脸、颈及耳朵绝对干净，每日剃刮胡须	脸、颈及耳朵绝对干净，上班要化淡妆，不得浓妆艳抹及在办公室内化妆
身体	注意个人卫生，身体、面部、手部保持清洁，勤洗澡、无体味。上班前不吃异味食物，保持口腔清洁；上班时不在工作场所内吸烟、饮酒，以免散发烟味或酒气	
饰物	领带平整、端正，长度一定要盖过皮带扣；领带夹夹在衬衣自上而下第四个扣子处，注意细节；头巾要围好；内衣不能外露；上班时间不佩戴夸张的首饰及饰物	
衣服	（1）工作时间内着本岗位规定制服，非因工作需要，外出时不得穿着制服 （2）制服应干净、平整，无明显污迹、破损 （3）制服穿着按照公司内务管理规定执行，不可擅自改变制服的穿着形式，私自增减饰物，不敞开外衣、卷起裤脚、衣袖 （4）制服外不得显露个人物品，衣、裤口袋整理平整，勿显鼓起 （5）西装制服按规范扣好，衬衣领、袖整洁，纽扣扣好，衬衣袖口可长出西装外套袖口0.5～1厘米	

续表

部位	男性	女性
裤子	裤子要烫直，折痕清晰，长及鞋面	
手	保持指甲干净，不留长指甲及涂有色指甲油	
鞋	鞋底、鞋面、鞋侧保持清洁；鞋面要擦亮，以黑色为宜，无破损；禁止着露趾凉鞋上班	
袜	应穿黑色或深蓝色、不透明的短中筒袜	着裙装时应穿肉色袜，禁止穿带花边、通花的袜子，袜子无破洞，袜筒根不可露在外
工牌	工作时间应统一按规范佩戴工作牌，一般佩戴在左胸显眼处，挂绳式应正面向上挂在胸前，保持清洁、端正	

二、工作行为标准

工作行为标准

项目	规范礼仪礼节
接待来访	（1）客户来访时，应面带微笑起身，热情、主动问候："您好，有什么可以帮到您吗？" （2）与客户沟通时，应起身站立，身体略微前倾，眼望对方，面带微笑，耐心倾听，并点头致意表示认真倾听 （3）对所有客户一视同仁、友好相处、热情亲切 （4）办事讲究方法，做到条理清晰、不急不躁 （5）与客户道别时主动说"先生/小姐，再见！""欢迎您再来"等
接受电话咨询	（1）严格遵守接听电话的礼仪 （2）对客户服务口径专业、一致，避免不同工作人员对同一问题的解释出现偏差
接受投诉	（1）接受客户投诉时，应站在客户的角度思考问题，急客户之所急，想客户之所想，尽量考虑周到 （2）与客户约定好的服务事项，应按时赴约、言行一致 （3）不轻易对客户许诺，一旦许诺就必须守信，按约定期限解决。不能解决的，应立即向上级或相关部门反映，并及时跟踪，向客户反馈问题的进展，直到问题解决

续表

项目	规范礼仪礼节
接受投诉	（4）处理问题时，如客户觉得不满意，要及时道歉，请求对方谅解，可说"请您原谅""请您多包涵""请您别介意"，同时要配合适当的补偿行为 （5）对客户的表扬要婉言感谢
办理各类收费业务（如门禁、会员卡、停车卡等）	（1）熟悉业务操作规程，办事迅速，工作认真细致，不忽视任何影响服务质量的细小环节 （2）及时提出改善工作流程的办法，提高部门的服务层次 （3）礼貌地请客户出示所需的证件，"请""您"字不离口 （4）为客户准备好笔和表格，耐心细致地引导客户填写 （5）向客户解释清楚相关的收费标准 （6）请客户交费，将开具的发票收据和零钱以双手奉上，并说："这是您的发票和零钱，请收好"。同时微笑注视客户，等客户确认无误后，向客户表示感谢
收取拖欠物业管理服务费	（1）首先电话预约客户，请其确定来交费的时间，并在电话中清楚地说明拖欠费用的款项和数目 （2）特殊情况要上门收费时，应尊重客户的生活习惯和个人喜好。因工作造成的打扰应诚恳道歉，同时不能对客户家里有任何评价 （3）工作时精神振奋、情绪饱满、充满自信、不卑不亢，对工作有高度的责任心，积极主动、尽职尽责、任劳任怨 （4）如收费中碰到投诉，对待态度不好的投诉客户要理智冷静。自己不能处理时，予以记录，并及时报告上一级领导 （5）对客户的意见应诚挚道歉并虚心接受 （6）客户交费时，要及时出具相关费用明细表。如客户有疑问，要做好相关的解释工作 （7）客户交费后，将开具的发票和找零用双手奉上给客户。同时微笑注视客户，等客户确认无误后，向客户表示感谢

（二）标准化客户感受体验

服务行业的产品中还有一部分内容是客户体验。企业服务对象要求的体验不同，服务方式也就不同。标准化运作模式中的标准化客户体验，要求客户对服务的感觉、对环境的感知、与服务人员的互动应该有一致的体验和感受。

（三）一致性公共关系处理

物业公司除了要与客户打交道之外，还有很多公共关系需要协调处理。以物业公司的外委服务来讲，负责提供服务的供应商也需要为物业公司提供作业指导书和工作手册，以规范整个服务过程，使客户感受到的服务和体验都是标准的、一致的。此外，一致性公共关系还包括政府关系、媒体关系、社区关系、利益相关者之间的关系等。

三、服务标准化改进策略

（一）建立超前思维模式，避免陷入标准化怪圈

简单模仿、照搬成功物业公司的运作模式，不可能成为公司标准化运作改进措施的根本出路。因为，优质的物业服务不能只是一套完善的制度和方案，而应成为一种企业文化。文化决定观念，观念决定心态，心态决定行为，行为决定习惯，习惯决定未来。要跳出现在的局限，处理好"知"和"行"的关系，"先谋势，后谋利"。物业服务日常的工作显得很琐碎，也很单调和枯燥，因此，物业服务需要一种超前的思维和良性的习惯去支持和实施。

（二）物业服务需要创新，打破标准管理僵化格局

物业服务的特性决定了该行业难以形成类似高科技行业的"标准之争"。在物业服务领域，只有反映行业特征和规则的基本标准，没有普遍适用全行业所有领域的普适标准和万能规则。因此，物业公司要提高本企业竞争力，就必须打破标准管理僵化格局。物业公司只有在依靠标准化运作的基础上，适时运用创新差异化发展策略，才能争取更大的市场占有率和经济效益。

（三）运用标准化运作特点，保持物业服务行业持续发展力

为了防止物业公司在发展过程中出现后劲不足的现象，使物业公司保持强劲的持续发展力，公司内部应建立标准化流程控制改进系统，具体步骤如图2-5所示。

步骤一 建立规范操作运行手册

规范操作运行手册是企业专业化服务的存在形式，企业要用心研究服务特点，掌握服务规律，运用科学的方法实行有效的管理和运作，并在此基础上细化标准程序及运行手册，对整个服务过程进行全程控制

步骤二 设置适宜的物业服务监控点

企业不应徒劳地寻找放之四海皆准的标准，而应转变思路建立比最低标准要求更高的行业规范来控制服务过程，并对检查出的问题及时采取整改或纠正措施。这些信息都应该作为提高企业标准化运作水平的主要依据

步骤三 坚持强调标准化的持续改进思想

建立开放式的信息收集沟通系统，对收集到的各类信息和数据，按照科学数据分析的原则进行统计分析。特别要注意利用平时各类检查活动、服务提供过程中的信息和资料，分析服务的开展状况和内部管理水平，并及时通报改进情况，从而使企业不断改进、提高、自我完善

图2-5 建立标准化流程控制改进系统的步骤

✖ 学习回顾

1.物业服务标准体系由哪几部分构成？

2.物业服务标准化如何实施？

3.物业服务标准化如何改进？

✎ **学习笔记**

_____

_____

_____

_____

_____

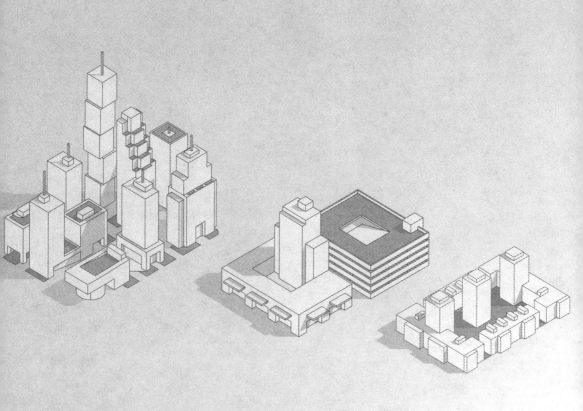

第三章
Chapter three

分项服务质量控制

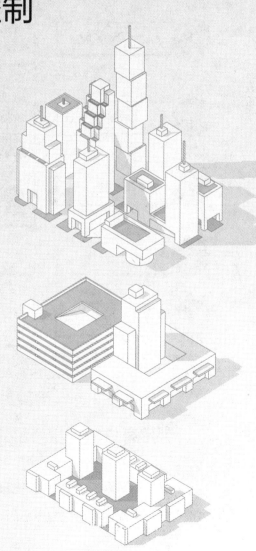

🎯 **本章学习目标**

1. 了解客户服务质量控制常识。
2. 了解保安服务质量控制常识。
3. 了解工程维保服务质量控制常识。
4. 了解设施设备维护质量控制常识。
5. 了解保洁服务质量控制常识。
6. 了解绿化服务质量控制常识。
7. 了解外包业务质量控制常识。

第一节　客户服务质量控制

一、明确客户服务中心的工作原则

客户服务中心的工作人员，在工作期间应遵循图3-1所示的原则。

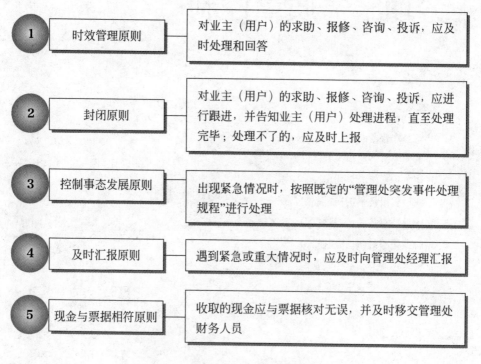

图3-1　客户服务中心的工作原则

二、制定客户服务中心的工作质量目标

质量目标是根据质量方针的要求，在一定期间内质量方面应达到的预期成果。一般来说，客户服务中心的工作应达到表3-1所示的几个质量目标。

表3-1　客户服务中心的工作质量目标

服务项目	质量目标	计算公式
业主（用户）对客户服务中心的综合满意率	98%	（回收的调查表张数×每张表中客户服务中心项数−不满意项数之和）÷（回收的调查表张数×每张表中客户服务中心项数）×100%
有效投诉处理及时率	100%	（每月有效投诉宗数−超时处理投诉宗数）÷每月有效投诉宗数×100%
月有效投诉回访率	100%	（每月有效投诉宗数−未回访有效投诉宗数）÷每月有效投诉宗数×100%
业主（用户）档案完好率	100%	［业主（用户）档案总份数−遗失（损坏）份数］÷业主（用户）档案总份数×100%
月社区文化活动计划实施率	100%	（每月社区文化活动计划项数−未实施项数）÷每月社区文化活动计划项数×100%

三、树立良好的服务意识

物业管理并非只是纯粹的管理，还包含服务，所以必须树立良好的服务意识。

（一）业主（用户）第一，服务至上

树立"业主（用户）第一，服务至上"的意识，主动了解业主（用户）的需求，并努力使他们满意。要从内心深处树立"业主（用户）第一"的意识，不能仅仅停留在表面，应该做到图3-2所示的几点。

以情感人、以理服人、尊重他人，任何时候都体现"以人为本"的宗旨。

（二）物业管理无小事

物业管理牵涉到每家每户，今天这家水管坏了，明天那家下水道堵了，后天谁家又要换个灯管……如果把这些事情仅仅当作小事，拖一拖、缓一缓再处理，对业主（用户）来讲，会直接影响他们的工作、他们的生活，也会让他们对物业公司失去信心。

要点一	学会尊重人，这样才能耐心倾听业主（用户）的要求
要点二	学会理解人，这样才能认真对待业主（用户）提出的每一件细微、琐碎的事情
要点三	学会关心人，这样才能从业主（用户）的角度出发，急业主（用户）之所急，想业主（用户）之所想，主动为业主（用户）提供便利

图3-2 树立"业主（用户）第一，服务至上"意识的要点

物业管理的工作就是一件一件的小事，物业公司应该一年365天、每天24小时，一件一件地为业主（用户）解决。

因此，物业管理人员必须从小处着眼，把做好每件事作为自己的分内之事，并尽心尽力。

（三）把服务质量看作企业的生命线

质量代表着公司的形象，服务质量的好坏，直接影响着公司的声誉。而且，服务质量的评价是由业主（用户）提出的，不是由物业公司决定的。随着商品经济的发展，市场竞争日益激烈，优胜劣汰是必然趋势。因此，以质量求生存、求发展，是物业公司的必由之路。而物业管理从业人员的质量意识、心理因素、思想情绪、业务素质，则时时刻刻都在直接或间接地影响着服务质量。

四、勤加收集、整理信息

客户服务中心往往会接到业主（用户）的各种咨询电话。为了给业主（用户）提供管理区域内吃、住、行、游、娱、购等信息，宣传物业管理相关法律、法规，满足业主（用户）对管理对象和物业管理活动的知情权等需求，物业公司应勤加收集信息。同时，为了避免不同职员或同一职员在不同时段为业主（用户）提供不统一或错误的信息，最好将这些信息编成小册子，供培训、查询使用。

小册子的内容可包括：

（1）物业的基本情况。

① 占地面积、总建筑面积、绿化面积、容积率、绿化率、栋数、每栋层数、车位数量。

② 总户数、总人数、已入伙户数、常住户数。

③ 物业管理费、建筑本体维修基金收取标准；水、电、气、空调、有线电视、电话、宽带网收费标准。

④ 匪警、火警、急救、煤气抢修、水电抢修、有线电视维修、电话维修、派出所、宽带网维护等电话号码，以及物业管理处和管理处主管级以上人员电话。

⑤ 入伙二次装修、放行条、车位等的办理手续，入伙等需携带的物品。

（2）房屋设施设备及配套情况。

（3）物业管理处的运作体系。

（4）周边信息。

① 当地主要的风土人情、生活习惯、爱好、禁忌等。

② 飞机、火车、汽车在当地的抵离时间、票价。

③ 周边主要配套设施的服务内容和电话号码、营业时间，如电影院、音乐厅、戏院、展览馆、医院、银行、商场、体育馆、学校等。

④ 当地政府部门、公安、城管、供电所、供水所、煤气、有线电视、电话、宽带网等的运作情况。

⑤ 当地著名游览胜地的特色、名称和抵达方法。

⑥ 当天天气预报、空气质量及其他公共信息项目。

（5）物业管理相关法律、法规。

（6）针对业主（用户）容易产生误解及常见的疑难问题，可以在客户服务中心预备相应的资料。

① 各种交通工具的时刻表、价目表、里程表，世界地图、全国地图、全省和本市地图。

② 旅游部门出版的介绍全国各地风景名胜的宣传册，物业公司和所属集团的宣传册。

③ 全国、全省、本市的电话号码簿及邮政编码簿，交通部门关于购票、退票的详细规定，当日的报纸杂志等。

五、加强社区文化建设

社区文化是指一定区域、一定条件下社区成员共同创造的精神财富及物质形态。社区文化建设得好，常常会使一个物业升值，因而，现在的物业管理越来越重视社区文化的建设。作为物业公司，必须知道如何去规划、组织社区活动。

（一）社区文化建设的要点

社区文化不可能离开一定的形态而存在，这种形态既可以是物质的、精神的，也可以是物质与精神的结合。具体来说，社区文化包括环境文化、行为文化、制度文化和精神文化四个方面的内容。因而，社区文化的建设也主要从这四个方面着手。

1.环境文化建设

社区环境是社区的脸面，是社区文化的物的依托，能最直接、最明显地体现社区文化的精髓。环境文化建设可先设立目标，落实组织机构与管理制度、主要措施和激励机制；然后分步骤组织实施，具体如表3-2所示。

表3-2 环境文化建设的步骤和要点

序号	步骤	具体内容和要求
1	制定目标	小区文明洁净、环境质量良好、合理利用资源、生态良性循环、基础设施健全、形成环保意识、建立绿色社区
2	确立组织机构，制定管理制度	可设立环境管理的专门部门，由专人负责拟订制度并及时监督。邀请业主（用户）代表组成环保小组，进行义务监督；发现问题时，及时处理，并定期发布环境公告

续表

序号	步骤	具体内容和要求
3	落实主要措施	（1）排水管道可实行雨污分流，拟建生活污水处理装置，家庭污水进入污水管网，食物垃圾粉碎后从下水道排走 （2）垃圾分类袋装和资源化回收、无害化处理，与当前的循环经济相联系 （3）垂直绿化和立体绿化 （4）对噪声进行监测和管制，加强空气污染控制等
4	建立激励机制	（1）宣传环保、循环经济，从自身做起 （2）每季度组织业主（用户）开展一次环保活动 （3）每个月举办一次环保讲座，出一次专刊 （4）每年度进行一次环保评比奖励 （5）开展"树木领养""拥有一片家园"等活动，激发业主（用户）关心环境的潜在热情 （6）形成节约资源、能源的良好习惯，倡导用户尽可能重复使用环保制品，引导小区内的商户使用环保包装材料 （7）与环保部门联系，解决小区环保购物袋的来源问题等
5	拟定小区环境手册	对小区的标志系统、办公系统、制服系统、公共设施系统、本体外观系统等进行全面的、统一的设计，真正做到和谐统一、有章可循，避免盲目散乱和视觉污染
6	传播、交流人文理念	可以确定小区区花、吉祥物，形成个性化的识别体系
7	开展认证工作	开展ISO 14001环境管理体系认证，保证环境的高度整洁与和谐。通过优美的环境，培养业主（用户）的自律意识，让业主（用户）养成爱护环境、关心家园的良好习惯

2.行为文化建设

行为文化建设是指在小区开展丰富多彩、行之有效的社区文化活动。其具体活动内容可以说包罗万象，具体做法如图3-3所示。

3.制度文化建设

社区文化活动要想有效、持续地开展，并达到既定目标，就必须建立健全各项制度，建立组织机构，制定管理规章。制度文化建设的内涵，包括图3-4所示的内容。

做法一	举办文化娱乐活动，如一年一度的小区艺术节，各种形式的歌咏会、舞会、音乐会、趣味游戏，棋类、牌类活动等
做法二	举办体育健身活动，如一年一度的小区体育运动会，各种形式的球类活动，武术、气功展示等
做法三	举办各种形式的聚会，如股市沙龙、音乐沙龙、书画沙龙、电脑爱好者沙龙等
做法四	组织老年人集体郊游，为老年人举办医疗咨询、膳食调理讲座
做法五	举办小朋友乐于参加的生日、节日活动

图3-3 行为文化建设的做法

内涵一	制定文化手册。通过该手册对社区文化形成的思想和行为进行引导和约束
内涵二	设立社区文化部，专职组织开展社区内的各种文化活动。在引导、扶植自发活动的基础上，形成各种有序的组织，如足球队、篮球队、秧歌队、合唱队、象棋小组等
内涵三	开放图书馆、科技馆，建立相应的阅览制度、竞赛评比制度
内涵四	设家政班、书画班、电脑班、插花班、茶艺班等，提高业主（用户）的文化素质
内涵五	制订计划，组织各项文化活动
内涵六	对各种社区文化活动用制度加以规范，包括时间、地点、内容、方式、程序等，以保证文化活动朝着积极、健康、有益的方向发展

图3-4 制度文化建设的内涵

4.精神文化建设

精神文化是社区文化建设的核心，是小区业主（用户）人生观、价值观、道德观等形成的重要途径。精神文化建设的要点，如图3-5所示。

要点一	制定社区精神文明公约，并与各位业主（用户）签约。以此来提高小区住户的文明水准，规范小区住户的行为
要点二	利用各种纪念节日，灌输精神文化内涵。如入住仪式、三八妇女节联欢、五四青年节义工服务、六一儿童节爱家园书画大赛、七一建党纪念日升旗仪式、八一建军节为子弟兵做好事、十一国庆节爱国主义征文等
要点三	开展各种形式的讲座、演讲，树立新型文化观。如"学雷锋、学丛飞""说小事"等
要点四	开展评比活动，进行激励。如"十佳住户""十佳少年"等，树立典型和先进人物
要点五	开展各种形式的培训，提高居民素质、净化居民心灵
要点六	组织播放爱国主义、集体主义主旋律影片、录像；办墙报、宣传栏、小报等，进行宣传教育；举办"社区歌曲大家唱""社区知识竞赛"等活动
要点七	举行升旗仪式、表彰仪式等
要点八	办好墙报、宣传栏、读报栏及小区月报
要点九	举办各种主题研讨会，围绕传统文化和现代科学加以讨论

图3-5 精神文化建设要点

（二）社区文化活动的策划与组织

1.社区活动策划应考虑的要素

在策划社区文化活动时，一定要充分考虑表3-3所示的各项要素。

表3-3　社区活动策划应考虑的要素

序号	要素	具体要求
1	硬件要素	充分利用会所、中心花园等已有的硬件设施，对服务类别进行划分，如设立业主娱乐活动中心、图书馆、健身房、儿童娱乐场等
2	组织要素	通过物业公司与各小区管理处的相互配合，实现社区文化活动开展的连贯性
3	时效要素	在策划社区文化活动时，一定要充分结合当时的季节、节日、特殊纪念日，从而制定出有意义、有特色的文化活动
4	成本要素	只有控制好成本，社区的文化活动才能持续地进行下去，这就需要组织者考虑以下要素： （1）方案合理 （2）尽可能利用现有资源 （3）多设置参与性的活动 （4）加强收费活动（自费旅游等）的开展

2.社区文化活动控制的要点

社区文化活动控制，可以从表3-4所示的几个方面着手。

表3-4　社区文化活动控制的要点

序号	要点	具体原因与要求
1	参与性控制	在社区文化活动的策划和组织上，应尽可能增加业主（用户）的参与性。如果组织的活动不符合业主（用户）的兴趣，参与的人很少，就失去了活动的意义。所以，活动的组织应以业主（用户）为参与主体，这样可以充分调动业主（用户）的积极性
2	娱乐性控制	对于业主来说，活动的举行并不需要有多大的政治意义，轻松愉悦的感官享受才是参与的目的。因而，在策划和组织活动时，无须与时事结合起来，只需健康、雅俗共赏、娱乐性强、参与性强即可
3	常规化发展	在一个小区的社区文化活动组织中，要将一些活动固定为习俗，给业主（用户）和潜在的消费者留下一个印象：小区的社区文化活动是丰富多彩、永不落幕的。这样可增强社区品牌的凝聚力

续表

序号	要点	具体原因与要求
4	节假期组织	在一些大的节庆期和长假期，如春节、五一、暑假、国庆日等，会有一些不常住的业主回来度假。因此，在这些期间应组织一些活动，以丰富业主们的假期生活；以少儿为主的暑期活动，还可以为家长们解决后顾之忧
5	社团联动	将在某方面具有一定特长的业主（用户）组织起来，成立社区的某种社团（如艺术团、合唱团、足球队、篮球队、乒乓球队、英语沙龙等），并定期举行演出、交流或比赛。这样可以提高业主（用户）参与社区文化活动的积极性，使活动的组织更加容易
6	报刊联动	办区内报纸是一种加强沟通的有效方式。但报纸的立场应站在一个中立的角度，反映业主的呼声、要求，以及业主想了解的问题。从而使之成为真正的沟通桥梁

（三）社区文化活动的开展

1.活动开展形式

社区活动可采取的形式有：

（1）物业公司可依托丰富的社会资源，来对各方面的客户资源进行整合利用。比如，与专业旅行社合作夏令营、特色旅游；与美容机构合作举办女性护肤、养肤知识讲座；与健身机构合办健身训练等。

（2）对于某些在专业上无法直接合作的单位，可邀请其以赞助、协办的形式参与社区活动，以补充社区文化建设经费。

2.活动开展要求

（1）老少结合。老少结合是指应该抓住老人与儿童这两个大的群体，来带动中青年人参与社区文化活动，具体原因如图3-6所示。

（2）大小结合。"大"是指大型的社区文化活动，需精心策划与组织，参与人数众多、影响面广，如体育节、艺术节、文艺汇演、入住仪式、社区周年庆等；"小"是指小型的社区文化活动，包括那些常规的，每日、每周都可能开展的，又有一定组织安排的社区文化活动，如每日的晨练、休闲、娱乐等。而大小活动要合理搭配、合理安排，具体要求如图3-7所示。

原因一 ▷ 社区成员中老人与儿童所占比例较大

在很多住宅小区,老人与儿童所占比例达总人口的一半以上。因此,这一群体自然应受到关注和重视

原因二 ▷ 参与社区文化活动必须有充裕的时间

现代都市节奏加快,迫于竞争压力和生存需求,中青年人的大部分时间都用于工作和围绕工作所进行的学习、交往上,从而没有太多时间和精力参与社区文化活动;相反,老人和儿童时间宽裕,特别是老人,除了日常家务之外,有充足的时间参与社区活动

原因三 ▷ 参与社区文化活动必须有强烈的需求

中青年人当然也有这种需求,但他们被繁杂的事务所限制,需求就成了深层次的期盼;而老人和儿童的需求是直接的、显在的,只要有环境,就可以实现

原因四 ▷ 社区是老人和儿童实现文化需求的最主要场所

因为老人和儿童的文化更具有区域性,因而对区域的关注和依赖远胜过中青年人。中青年人更多的是参与区域外的文化活动,音乐厅、舞厅、咖啡屋等可能是其主要活动场所

图3-6 老少结合的原因

要求一 ▷ 大型活动不能没有,但也不能过频。一般大型活动以2~3个月一次为宜

要求二 ▷ 小型活动要经常性开展,而且面可以广一些。琴棋书画、天文地理、娱乐游戏、吹拉弹唱等都可以形成兴趣小组

要求三 ▷ 小型活动的组织要充分利用现有资源,尽可能地节约开支,并且注意不要出现噪声扰民、负担过重的情况

图3-7 大小结合的具体要求

（3）雅俗共赏。雅俗共赏是指社区文化活动应当注重社区成员不同层面的需求，高雅与通俗同在、崇高与优美并存。通俗的活动包括家庭卡拉OK比赛、迪斯科表演、秧歌、腰鼓等；高雅的活动包括交响音乐会、旅游、书画珍藏品展、国际编队舞等。

（4）远近结合。"远"是指组织开展社区文化活动要有超前的意识、要有发展的眼光、要有整体的目标；"近"是指社区文化活动的开展要有短期周密的安排、落实和检查。

3.社区文化活动开展中的问题及解决方法

社区文化活动开展中总有各种各样的问题出现。因此，对这些问题最好能事先预见，并预先考虑好解决方法。表3-5列举了几个常见问题的解决方法。

表3-5　社区文化活动开展中的常见问题及解决方法

序号	问题	表现形式	解决办法
1	单纯接受多，双向交流少	组织者往往以包办者的姿态组织、控制整个活动过程；参与的业主（用户）仅仅是被动地接受，缺乏反馈与交流细节	在小区内组织一支文化活动骨干队伍，在开展活动前以问卷调查或随机抽样的方式开展活动内容意愿征询。在每个活动结束后，除必须做好活动效果记录外，还可以以座谈会等形式征求业主（用户）对活动内容、组织、方式等的看法与想法
2	个体活动多，群体参与少	活动缺少让业主（用户）广泛参与的基础，即选择的活动内容仅使少部分业主（用户）有兴趣、有能力参与。从而使得活动无法广泛、深入、持久地开展，无法形成良好的规模效应	在组织活动时，除开展必要的"阳春白雪"活动以提高小区业主（用户）的综合素质外，还应开展一些有着深厚群众基础的活动，让广大业主（用户）有兴趣、有能力参与。同时，还可以对一部分业主（用户）培训，从而培养他们的兴趣与能力
3	被动欣赏多，主动创造少	文化活动以"外来和尚主持"为主，业主（用户）仅停留在被动欣赏的层面，其主观能动性无法有效调动，从而使得活动无法形成特色	应尽可能挖掘业主（用户）中间的能人参与组织活动，如文艺工作者、体育工作者、文体活动爱好者、文化活动热心人等，让他们出主意、想办法，让他们登台献技、献艺。这样，社区文化活动就有了广泛的群众基础，业主（用户）的主观能动性就会有效地调动起来，从而形成小区特有的特色

第二节 保安服务质量控制

一、建立物业安保机构

要确保物业安全，物业公司必须设置一个安全保卫组织机构。这机构的名字在不同的公司有不同的叫法，有的叫保安部，也有的叫安全部，这都不重要，重要的是一定要有这样一个机构。

由于物业的安全保卫是24小时服务，所以，必须考虑保安班组的设置。保安部的班组设置与其所管理物业的类型、规模有关，通常，物业面积越大、物业类型及配套设施越多，班组设置也就越多、越复杂。其中，安全巡逻班根据监视区域责任可划分为多个班组，而每个班组又可根据24小时值班的需要，安排3～4个人员轮换班。

二、配备相应数量的保安员

物业公司应根据所管辖物业的区域大小和当地社会治安情况，配备相应数量的保安员，实行24小时值班。表3-6是某物业管理处的保安员定岗定员表，供配备保安员时参考。

表3-6 保安员定岗定员表

岗位	第一幢	第二幢	岗位×班次	定员数（人）	备注
大堂	1	1	2×3	6	
岗亭			2×3	6	
班长			1×3	3	带班巡逻
汽车库岗			2×3	6	
单车库岗			1×3	3	
巡逻			1×3	3	包括车场
合计				27	

三、明确重点看护目标

物业服务企业必须对所辖物业区域的重点看护目标非常熟悉，并记录在案。在保安员培训工作中要再三强调，让所有保安员都做到心中有数；同时，要合理地安排门卫、守护和巡逻来实施看护，具体要点如表3-7所示。

表3-7 门卫、守护和巡逻工作的安排要点

序号	方面	安排要点
1	门卫	（1）一般设置在商住小区或商业大厦的进出口处 （2）门卫保安人员的主要职责是：严格控制人员和车辆进出，对来访人员实行验证登记制度；对携带物品外出的人员和车辆实行检查制度，防止财物流失，并维护附近区域秩序；防止有碍安全和有伤风雅的事件发生 （3）门卫应实行24小时值班制
2	守护	（1）对特定（或重要）目标实行实地看护和守卫，如一些重点单位、商场、银行、证交所、消防与闭路电视监控中心、发电机房、总配电室、地下车库等 （2）安排守护人员时，应根据守护目标的范围、特点及周围环境，确定适当数量的哨位 （3）要求守护哨位的保安员事先熟悉下列事项：守护目标的情况、性质、特点；周围治安情况和守护方面的有利、不利条件；有关制度、规定及准许出入的手续和证件；哨位周围的地形及设施情况；电闸、消火栓、灭火器等安全设备的位置、性能和使用方法，以及各种报警系统的使用方法等
3	巡逻	在一定区域内有计划地巡回观察以确保该区域的安全 （1）巡逻的目的，一是发现和排除各种不安全的因素，如门窗未关好、各种设施设备故障和灾害隐患、值班与守护不到位或不认真等；二是及时制止各种违法犯罪行为 （2）巡逻路线，一般可分为往返式、交叉式、循环式三种，无论采用何种方式，都不宜固定。实际中，上述三种方式可交叉使用，这样既便于实现全方位巡逻，又可防止坏人摸到规律 （3）在安排巡逻路线时，一定要把重点、要害部位及多发、易发案地区放在巡逻路线上。这样便于加强对重点、要害部位的保卫，从而有效地打击犯罪分子

四、完善区域内安全防范设施

物业的治安管理除了靠人力外，还应注重技术设施的防范。因此，物业服务企业应根据企业的财力与管理区域的实际情况，配备必要的安全防范设施。

比如，在商住小区四周修建围墙或护栏；在重要部位安装防盗门、防盗锁；在小区内安装监控系统、门禁系统、电子巡更系统、周界防范系统等。

五、定期对保安员开展培训工作

坚持不懈地开展培训工作，是提高保安员思想素质和业务能力、治安防范意识的重要途径。作为物业经理，不仅在招聘保安员时要对其技能、素质严格把关，更要将培训工作当作常规事务一样来抓。

（一）了解保安员的培训内容

保安员的培训主要包括岗前培训和在岗培训，主要内容如表3-8所示。

表3-8 保安员的培训内容

序号	类别	具体内容
1	岗前培训	（1）公司的基本情况，如公司的发展史、组织机构、规章制度 （2）《中华人民共和国治安管理处罚法》《物业管理条例》等相关法律知识 （3）物业公司内部的各种管理制度，包括员工守则、工作纪律、劳动纪律、人力资源管理规定、门卫制度等 （4）所管辖物业区域的基本情况，如写字楼的构造、布局、功能及监控、消防等情况 （5）警具的配备、使用和保管规定；对讲机的使用管理规定；治安、消防、急救的电话号码 （6）职业道德教育、文明礼貌用语、服务规范用语等 （7）发生治安、火灾等紧急情况的处理办法；装修期间防火、治安、卫生管理的规定 （8）军训，主要是队列训练

续表

序号	类别	具体内容
2	在岗培训	（1）详细学习公司"治安工作手册"的内容，包括职责权限、规章制度、规定、工作程序、规范、标准等 （2）常规队列训练 （3）简单擒拿格斗训练 （4）体能训练 （5）消防灭火训练 （6）交通指挥训练 （7）有关精神文明内容的学习

（二）制订保安员培训计划

培训工作应有计划地执行，因此，制订计划是管理者的首要任务。在制订计划时，一定要先对培训进行评估，再加以确定。

（1）是否有培训的需求。

（2）期望的工作绩效（培训结果）。

（3）确定培训的内容和范围。

（4）培训的时间安排。

（三）定期对保安员进行考核

对保安员进行了培训，要想知道培训是否达到了期望，则需要进行考核。所以，必须制定一份考核标准，定期对保安员进行考核，并将考核结果作为奖惩、晋升的依据。

六、做好群防群治工作

（一）密切联系辖区内用户，做好群防群治工作

物业治安管理是一项综合的系统工程，通常，物业公司只负责所管理物业公共区域的安全工作。要保证物业的安全使用和用户的人身财产安全，仅

靠物业公司的保安力量是不够的，所以，物业经理必须想办法把辖区内的用户发动起来，强化用户的安全防范意识，并建立各种内部安全防范措施。

（二）与周边单位建立联防联保制度

与物业周边单位建立联防联保制度，与物业所在地公安机关建立良好的工作关系，也是安全防护的重要手段。物业经理应该积极地与相关部门联系、沟通，以获得他们的帮助、支持。

（三）建立业主防范体系

物业公司应根据小区的不同情况，结合自愿原则，与业主委员会协调，共同组织一定数量的业主，建立业主防范体系，配合和促进物业公司的治安防范工作。既针对非法侵害行为，也可以发现物业公司的工作漏洞，最终形成不同层次的防范体系。

七、完善、执行管理制度

应针对不同服务区域的具体情况，制定相对完善和实用的制度，组建和设置相应的机构和人员，实施和执行相应的制度规定。制度中应明确小区和大厦往来人员的管理，以及人员定时巡逻和巡视、治安事件的处理程序等内容。

鉴于住宅小区和大厦业主和非业主使用人的不同需求和特点，对人员的往来管理也是有区别的。

住宅小区的业主和非业主使用人可以凭密码和智能卡进出，而来访者则应登记或经业主和非业主使用人同意，才能进入。

大厦是以办公为主的商业区域，因为人员进出过于频繁，进出人员数量过大，逐一登记制度是不必要和难以落实的。通常对从大厦搬离物品的人员进行登记，并凭当时业主或合法的非业主使用人在入住时预留的印鉴或签名予以确认。

往来人员的登记和管理由固定岗位的工作人员完成，同时配备其他人员定时的流动式巡逻和巡查，对进入小区或大厦人员的行为进行监督，及时发现和制止不法侵害行为，第一时间报警，协助公安机关处理违法犯罪事件，以实现维护公共秩序的目的。

第三节 工程维保服务质量控制

一、维修服务的总体规划

物业公司应就维修服务作出承诺，即对维修时限、服务要求、收费标准及回访时间等作出规定，并予以公示。

（一）上门维修时限

（1）水、电急修项目：30分钟内到达现场，当日修复。

（2）一般维修项目：当日到达现场勘察，3天内修复。

（3）较大项目的预约维修：应提前1天通知业主，预约修理不误时。

（4）上门维修时，业主（用户）不在家，应留条示意业主（用户），另约上门服务日期、时间。

（二）维修服务要求

（1）维修及时率应达到95%以上。

（2）维修质量合格率应达到90%以上。

（3）业主（用户）满意率应达到90%以上。

（4）维修服务回访率应达到100%。

下面提供一份××物业公司维修服务质量标准的范本，仅供参考。

范本

××物业公司的维修服务质量标准

序号	内容	服务标准（时限）	备注
1	服务质量满意率	100%	如第一次达90%，对不满意的10%尽量组织二次维修，使业主（用户）满意
2	服务态度	热情、礼貌、举止、言谈得体	
3	提供材料	100%合格	
4	预约维修时间	接到维修申请后，30分钟内到达业主（用户）家，有特殊情况的除外	按业主（用户）预定时间到达。如暂时有维修人员，应向业主（用户）解释，另约时间
5	厨房、卫生间、阳台等出现堵、漏、渗或淋无水等	原则上，小故障30分钟内；一般故障2小时内（不超过8小时）；较大故障不超过3天	特殊情况要向业主（用户）解释清楚并组织突击。如需改善，尽快维修好。视实际情况由班长或房管员确定，维修后两周内，每周不少于1次回访
	水管、阀、水表渗漏	一般在2小时内，最长不超过8小时	
	厨房、卫生间等楼板渗水到楼下	一般在4小时内；如面积大或难以处理，最长不超过3天	
	房间没水	1小时内供上水	
	房间无电	1小时内供上电；如需重新购买开关等材料，4小时内完成	除市政停水（电）或供水（电）系统进行较大维修、水池定期清洗外，定期保养要提前1天通知；临时停水（电）也要发通知
	电器维修	小维修不超过2小时；较难的维修不超过8小时；门铃、插座损坏等小故障，30分钟内维修好	
	门、窗修理	小故障2小时内修理好；需重新更换门窗的，3天内完成；无特殊要求的，1天之内完成	不仅要达到原标准，还要符合安全要求

（三）有偿维修收费

对于有偿维修的收费，也应制定标准，并予以公示。

（1）收费标准以物业所在地物价管理部门核准或备案的价格为准。

（2）有偿维修服务收费时，应由专职人员开具发票，并在发票上注明材料、人工费用。

（3）由于维修质量原因，导致业主（用户）损失的，应按实赔偿；导致重复维修的，不再另行收费。

（四）维修服务回访

秉着对业主（用户）负责的原则，同时也为了确认和考核维修质量及维修服务人员的工作态度，维修工作完成后，一定要做回访。这也是许多物业公司通行的做法。

1.维修回访内容

（1）实地查看维修项目。

（2）向在维修现场的业主（用户）或其家人了解维修人员的服务情况。

（3）征询改进意见。

（4）核对收费情况。

（5）请被回访人签名。

2.维修回访原则

小事、急事当时或当天解决，如果同时有若干急事，应如实向对方通报，并协商检查解决的时间。一般事情，当天有回音，3天内解决；重大事情3天有回音，7～15天内解决。对维修后，当时看不出维修效果的，或可能再次出现问题的，应进行多次回访；对维修效果很明显或属正常低值易耗的，可进行一次性回访。

3.回访时间要求

回访时间一般安排在维修后一星期之内。比如，安全设施维修，2天内回访；漏水项目维修，3天内回访。每个物业公司都会有相应的规定，某知名物业公司对维修回访作出如下规定：

（1）对危及业主（用户）生命、财产安全的，如出现天花板批荡层脱落，墙裂缝严重，灯罩松动，橱柜松动、倾斜，电器外壳带电等问题，马上给予处理解决。处理后，一周内回访一次；并视情节轻重，必要时采取不断跟踪回访。

（2）房内墙角、天花板出现渗水现象，接到通知后，马上到现场查明原因，并在2日内给予解决，维修后第2天回访一次。如是雨水造成的，在下雨后马上进行一次回访。

（3）洗菜盆、洗脸盆、坐厕或其他管道堵塞或漏水的，当日予以解决，次日回访。

（4）电视机、录像机、电冰箱、电烤箱等家电出现问题的，当天予以检查。若属简单维修，如插头断了、接触不良，在维修后的第2天回访一次。

（5）若是电视收视效果差，应马上与有关单位联系，2日内予以解决，次日回访。

（6）若房内墙出现裂缝，但不会危及生命或影响正常生活，可与有关单位联系，3日内予以解决，5日内回访一次，1个月内回访第2次。

4.回访问题处理

一般而言，对回访中发现的问题，应在24小时内书面通知维修人员进行整改。

二、维修服务环节控制

物业公司对维修接待、派工下单、入户敲门、维修过程、意外情况处理、意见回执、礼貌道别、返单回访等环节都做了详细的要求。

（一）接待报修

接待报修是提供维修服务的第一个环节。物业管理人员在处理过程中要为后面的维修工作收集准确的资料，并告知对方所提供的服务是属于有偿还是无偿范围。

1.业主（用户）日常报修的范畴

（1）中修。中修是指不到大修范围和程度，而小修又不能解决的单项修理。修理费用较高、工程量较大、修理周期较长的一般都列入中修的范围，比如，屋面局部漏水；个别楼层卫生间、厨房间、管道、马桶、面盆、水斗漏水；墙面损坏、渗水；上下管道局部堵塞等。中修要进行预算、结算，完工后要进行验收，并需有一定的审批手续。

（2）小修。小修是指修复小坏、小损，以保持房屋的完整程度。私人住宅的小修包括四个方面，如表3-9所示。

表3-9　私人住宅的小修

类别	报修内容
电器方面	熔断丝、陶瓷插座插头、空气开关、漏电开关、电源插头插座、灯头、灯座、灯泡、灯管、线路的故障和更换
给排水方面	（1）各种水龙头失灵故障 （2）各种水闸渗油和损坏 （3）上下水道堵塞不畅 （4）各种配件失灵和损坏 （5）上下水管漏，水表故障
配套设备方面	（1）热水器的保养和维修（整机报废，业主自行购置或代购更换） （2）脱排油烟机保养和维修（整机报废，业主自行购置或代购更换）
门窗、小面积的地板及内墙方面	（1）木质门窗和铝合金门窗的修理 （2）小面积木质地板的修理和更换 （3）少量面砖、地砖、瓷砖损坏的更换等 （4）修配、更换及开启各种门锁
其他日常修理服务	消防设施的报修；电表箱、电话箱、总水闸的报修；电子门的报修等

2.维修服务接待要求

（1）业主（用户）前来申报维修服务项目时，客户服务接待人员应起立、微笑，主动招呼："您好，请问我能为您做些什么？"并填写"客户请修登记表"。

（2）业主（用户）电话申报维修服务项目时，在电话铃声响三次前接听电话，并作礼仪性应答："您好，××物业，请讲。"接待人员应边接听电话，边做记录。接听电话结束时，应待业主（用户）说"再见"后，再应答"再见"。

（3）根据电话记录，接待人员按报修人姓名、住址、通信方式、申报维修服务内容、预约上门日期与时间等逐项填写在"客户请修登记表"上。

在记录时，客户服务接待人员应主动询问以上全部所需内容。即使有些申报人因情况紧急而耐心不足，接待人员也应尽量在最短的时间内问到这些资料，以免因遗漏任何项目而给后面的维修工作造成不便。

3.区分维修内容的轻重缓急

业主（用户）申报维修时，要根据其态度判断所申报的项目是否为紧急项目。有些项目虽然无须马上处理，但若对方要求强烈，则要尊重其意愿，即刻与维修部门联系处理；有的项目，如水管爆裂、夜晚开关熔丝烧断等，会给业主（用户）生活带来很大不便，则应立即与维修部门联系处理。在紧急情况下，申报人可能表达不清，这时，接待人员要用"别着急！""别担心，我们会马上为您处理的！"等语言安慰申报人，尽量使其平静下来；同时，尽量加快记录的速度。

4.区分无偿维修与有偿维修

管理处为申报人提供的维修服务项目中，有些并不属于物业管理的责任范围，所以材料、人工等费用要由申报人承担。一般情况下，管理处会在为业主（用户）提供的服务项目资料中标明哪些项目属于无偿服务，哪些属于有偿服务。但实际工作中，业主（用户）往往不会记得，所以，当他们申报时，接待人员应判断是否属于有偿维修项目。如果是，则应明确地将相关规定与价格向他们作出提示，得到认可后，再商定维修的具体事宜。

此环节中，可能会出现申报人不认可，甚至责骂的情况。这时，接待人员应尽量不与对方发生任何正面冲突，始终保持平静的心态，耐心地劝导对方，直至问题得到圆满的解决。

（二）派工下单

（1）接待人员在"客户请修流程单"中填写客户的相关请修信息，并在短时间内转交给工程主管或工程主管指定的负责人（如班长）。

（2）工程主管或工程主管指定负责人填写"客户请修流程单"，根据请修内容写明派工时间、维修时间和维修人员等。

（三）接单准备

（1）维修服务人员接单后首先要阅读有关服务事项，明确任务、时间、地点和要求。如有不明白的地方，应立即查询；如有特殊情况，则由客户服务部出面协调。

（2）维修服务人员接到"维修（服务）任务单"（或"客户请修流程单"）后，应携单、通信工具、鞋套、布垫、抹布、工具箱、需更换的器材和零部件，按约定时间，赶赴需要维修服务的现场。

（四）上门

（1）敲门。维修服务人员抵达申报维修服务的业主（用户）居室门口后，应礼貌地轻按门铃（或轻声敲门三下），如无应答，则再次轻按门铃（轻声敲门三下），切不可连续不断地按铃（或连续不断敲门）；如仍无应答，则应填写"请求再次预约上门维修（服务）通知单"，粘贴在房门的显眼处。

（2）问好。业主（用户）开门接待维修服务时，维修服务人员应主动向对方问好，并作自我介绍："您好，我是某某物业管理有限公司维修服务人员，应约前来维修服务。我可以进入您家吗？"同时出示"维修（服务）任务单"，取得认可后，方可进入。

（3）入室。如进入的房间十分整洁，应将鞋子脱在外面，自觉穿上随身携带的鞋套，经对方许可后进门服务。在特殊情况下，对方家里没有铺地板，经其许可，进门可不必套鞋套。进入室内步子要轻，工具袋要背在肩上。如将工具袋拎在手中，应高于地面一定距离，不能在地上拖着工具袋。

（五）确认服务项目并报价

维修服务人员勘察维修服务项目现场后，将检测、判断、维修服务方案告知业主（用户），与其共同确认需要维修的项目。根据确认的维修服务项目，按有关收费标准报价，经对方确认后，再实施维修服务。

（六）开展维修作业

（1）维修服务前，应先在作业点铺放一块作业布垫，以免作业时产生的污物弄脏室内地面或其他物品；再铺放另一块作业布垫，用于摆放维修服务工具及拆卸下来的零件，以免损坏业主（用户）居室地面。

（2）维修服务时，如需移动居室内的物件，应征得对方同意，移动时应小心谨慎，作业完毕应回移至原处；作业中可能产生噪声时，应向在场业主（用户）事先打招呼，并尽量减少或减轻作业噪声。

（七）作业完毕

作业完毕后的处理流程，如表3-10所示。

表3-10　作业完毕后的处理流程

序号	处理流程	具体说明
1	整理	作业完毕，维修服务人员应主动清理、清扫作业现场；将维修工具整齐地放入工具箱内；将作业时产生的污物及杂物用布垫包妥带离现场，并按垃圾分类收集要求投入规定的垃圾箱内
2	请对方验收并讲解	维修服务完毕，维修服务人员对已恢复功能的维修服务项目做示范操作，并向业主（用户）讲解故障起因及平时操作使用时的注意事项；在请业主（用户）评估维修服务效果时，如其还提出不满意事项，则应及时整改，直到其满意为止

续表

序号	处理流程	具体说明
3	请对方签单	维修服务项目取得业主（用户）满意认可后，维修服务人员应礼貌地请其在"维修（服务）任务单"（或"客户请修流程单"）上签字
4	离开	向对方告辞，走出房间，步子要轻，工具袋要背在肩上，如拎在手中，应离开地面一定距离。至门口，应顺身面对业主（用户）说："今后有问题，请随时联系。再见！"

（八）返单回访

（1）工程主管或工程主管指定的负责人将"维修（服务）任务单"交回客户服务中心。

（2）客户服务中心对比较复杂的维修项目要跟进、督促，并将"维修（服务）任务单"存档。

（3）客户服务中心按回访规定的时间及时进行回访，并将回访情况记录在"客户请修登记表"上，请修回访率应达到30%。

维修回访应使用的规范语言：

——"您好，我是××物业××××管理处的员工。今天来回访，请问您对我们的维修服务质量是否满意？"

——"先生（女士），您在客户评议表上提了建议（意见）。现特来回访，与您沟通一下情况。"

——"先生（女士），您在电话中反映的情况，我们已做了调查与处理。今天特来回访，与您沟通一下情况。"

三、维修服务过程检验

（一）服务过程的检验规则

1.服务及时性的检验

应根据维修预定时间，准时到达目的地。派工组织维修的时间要视工艺复杂程度而定：一般性维修不超过8小时；对于特别困难的，要求从接到报修至完成最多不超过72小时（工艺要求特殊的除外）；不能当天完成的，应解释原因。

2.服务质量的检验

按维修服务标准进行检验：功能性维修，以恢复原有功能为准；外观性维修，表面应无色差、高低不平现象，与原有部位相比较，应无突兀感；满足其合理要求；严格按工作手册执行。

（二）检验方法

维修服务过程的检验方法，如表3-11所示。

表3-11　维修服务过程的检验方法

序号	类别	检验方法
1	日检	物业管理员每天进行巡视检查，发现维修质量问题及时通知维修人员维修；对每日的"派工单"要及时收回，以检验服务的及时性和报修人对维修服务过程的满意度；查找当日未解决项目的原因，并及时监督解决
2	周检	管理处经理组织管理处副经理、物业管理员、班组长依据"维修服务标准"，每周对物业公共部位设施设备（机电设备除外）进行巡视检查，有问题及时通知维修班；填写"不合格服务处理表"，并督促解决
3	月检	物业管理员每月对管理处维修服务进行检查
4	回访	物业管理员每月按派工单总量抽取5%（最多不超过物业总户数的5%）对业主（用户）进行回访，以检验维修服务的质量；在月检时做好抽检工作记录

对以上检验中发现的严重不合格项，应立即查找原因，及时采取纠正措施，并填写"纠正措施报告"；对检验过程中发现的隐患，应及时采取预防措施。

第四节　设施设备维护质量控制

一、保证设备基础资料齐全

基础资料是设备管理工作的根本依据，基础资料必须正确、齐全。要利用现代手段，运用计算机对基础资料进行管理，使其实现电子化、网络化。设备的基础资料包括：

（一）设备的原始档案

设备的原始档案，一般包括图3-8所示的内容。

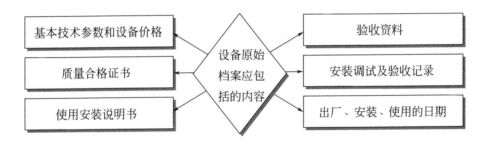

图3-8　设备原始档案应包括的内容

（二）设备卡片及设备台账

设备卡片是将所有设备按系统或部门、场所编号的卡片。一台设备有一张设备卡片，设备卡片上登记了设备的编号、名称、规格型号、基本技术参数、设备价格、制造厂商、使用部门、安装场所、使用日期等内容。

按编号将设备卡片汇总并进行统一登记，从而形成一本企业的设备台账，可以反映全部设备的基本情况，为设备管理工作提供方便。

（三）设备技术登记簿

设备技术登记簿记载了设备从一开始到报废的全过程。设备的计算、设计、制造、采购、安装、调试、使用、维修、改造、报废，均应有比较详细的记载。

每台设备都应建立一本设备技术登记簿，它是设备的档案材料。设备技术登记簿的内容一般包括：

（1）设备概况，即设备台账上的资料。

（2）设计参数和条件、技术标准及简图。

（3）设备运行状况。

（4）备品配件。

（5）设备维护保养和检修情况。

（6）设备大修、中修记录（包括时间、费用、人员）。

（7）润滑卡。

（8）设备事故记录。

（9）更新改造及移装记录。

（10）报废记录。

> **❓ 小提示**
>
> 设备技术登记应及时、准确、齐全，应反映该台设备的真实情况，用于指导实际工作。

（四）设备系统资料

物业设备都是在组成系统后才发挥作用的。例如，中央空调系统由冷水机组、冷却泵、冷冻泵、空调末端设备、冷却塔、管道、阀门、电控设备及监控调节装置等一系列设备组成，任何一种设备或传导设施发生故障，系统都不能正常制冷。

因此，除了设备单机资料的管理之外，对系统的资料管理也必须加以重视。系统的资料包括竣工图和系统图。

二、熟悉设备的运行情况

物业设备直接关系到业主（用户）的切身利益和物业的保值、增值。掌握物业设备的运行情况，首先应熟悉物业辖区各类管线结构的分布情况，因为它是设备与终端业主（用户）之间的联系纽带。同时，还应熟悉设备的结构原理、工作方式，并对各类发电机组、变压器，水泵等设备的性能做到了如指掌。

对新接管的物业要加强设备接管验收，并对设备运行情况进行跟踪、监测、记录，以消除设备存在的隐患。日常管理，要根据物业设备运行的负载变化，对设备进行合理、适时的调配，以发掘设备潜能，做到物尽其用，充分发挥设备的使用价值。

三、建立设备管理质量体系

设备管理是一项长期性、综合性工作。应引入ISO 9001质量管理体系，如建立机房管理制度，供、配电管理制度，设备维修制度等，对设备进行规范化、标准化管理。要做到责任到岗、任务到人，用科学化的管理来提高服务质量和管理水平。

四、建立绩效考核机制

为了提高工作效率和服务质量，应建立设备管理考核、督查机制，制定设备管理考核标准，比如，设备上要有设备卡、设备台账；水泵阀门开启要灵活，不得渗漏；设备房要保持清洁，不得堆放杂物等。要定期、不定期地对各小区（大楼）的设备进行现场检查、考核，做到赏罚分明，以调动员工的工作积极性，增强企业的凝聚力和向心力。

五、对设备进行维修保养

设备在于管理，好的设备若得不到及时维修保养，就容易出现故障，从而缩短使用年限。对设备进行维修保养是为了保证设备安全运行，最大限度地发挥设备的有效使用功能。因此，对设备进行维修保养，应做到以预防为主，坚持日常保养与科学计划维修相结合。

（一）坚持做到"三好、四会、五定"

对主要设备应采取预防性维修，防止设备出现故障；对一般设备应做好日常维修保养，坚持做到"三好、四会、五定"，具体如表3-12所示。

表3-12　"三好、四会、五定"

序号	类别	具体要求
1	三好	即对设备用好、修好、管理好
2	四会	即对设备会使用、会保养、会检查、会排除故障
3	五定	即对设备进行清洁、润滑、通风检修时做到定人、定点、定时、定质和定责

（二）注重安全管理

对设备进行维修保养时，要以人为本，做好安全管理工作。操作人员应严格按照操作规程和制度开展工作，在检修电气设备时，应做好必要的防护，在闸刀开关上挂"有人操作，禁止合闸"等标志牌，提高安全意识，防止意外事故发生。设备管理最基本和最重要的要求是，保证设备运行安全、用户使用安全和操作人员操作安全。

（三）结合实际，降耗节能

物业公司必须建立适合于自身特点的设备维修保养方案，遵循"安全、经济、合理、实用"的原则，有计划、有步骤地做好设备的预防性维修保养，将设备故障隐患消灭在萌芽状态；同时，在物业设备维修中提出节能改造可行性方案，尽可能采用节能设备、经济适用且品质优良的材料，修旧利废、合理更新，达到降耗节能、延长设备使用寿命的目的，从而降低设备运行维修费用，培养管理队伍的创新精神，维护业主（用户）的权益。

第五节　保洁服务质量控制

一、制定保洁管理措施

保洁管理的具体措施，是指物业公司为了创造整洁、卫生、优美、舒适的物业区域环境，所采取的行之有效的方法和手段。主要有以下四项：

（一）生活垃圾分类袋装化

生活垃圾分类袋装化有利于提高物业区域的文明程度和环境质量。物业公司应向业主（用户）宣传生活垃圾分类袋装化的优点，要求业主（用户）将垃圾装入相应的专用垃圾袋内，丢入指定的容器或者指定的生活垃圾收集点，不得随意乱倒。存放各种生活垃圾的塑料袋应完整不破损，袋口扎紧不撒漏。

> **❓ 小提示**
>
> 物业服务企业应在辖区内大力宣传、引导居民将生活垃圾分类投放，并要求保洁人员按有关规范分类收集生活垃圾，以及进行二次分拣。

（二）进行超前宣传教育

物业公司在早期介入阶段，如在售房时、分房时、入户时，就应寻找"切入点"，对未来的业主（用户）进行超前的宣传教育，明确保洁管理的要求，以达到事半功倍的效果。

（三）配备必要的硬件设施

为了增强保洁工作的有效性，物业服务企业还应配备必要的硬件设施，比如，配备足够数量的垃圾桶，方便业主（用户）及时倾倒垃圾。

（四）依法处罚，对不良典型给予曝光

对于有不良卫生习惯的业主（用户），除了进行宣传教育外，物业公司还应当采取必要的硬性措施，依法按规定进行处罚。对于极少数屡教不改的业主（用户），物业公司还可以采取典型曝光的方法，在业主委员会、居民委员会和本人单位的配合下，公开其不文明行为，以儆效尤。

二、加强保洁制度建设

（一）明确要求

日常垃圾的处理由专人负责，日产日清，定点倾倒、分类倾倒，定时收集、定时清运。要按照规定的工作流程，履行保洁的岗位职责。

（二）制订计划安排

物业公司应制订出保洁工作每日、每周、每月、每季直至每年的计划安排。

（三）制定操作程序

操作程序既要包括各项保洁工作的作业程序，也要包括员工的操作步骤，更重要的是，要确定作业频次和每日的操作流程。把员工每天的工作安排得井井有条，每项工作都有时间表，这样有利于管理者考核检查。

（四）制定质量标准

标准是衡量事物的准则，也是评价保洁工作的标尺。物业区域环境保洁的通用标准是"五无"，即无裸露垃圾、无垃圾死角、无明显积尘积垢、无

蚊蝇虫滋生地、无"脏、乱、差"顽疾。以下两条也可以作为物业区域道路保洁质量的参考：

（1）每天普扫两遍，每日保洁。

（2）达到图3-9所示的"六不""六净"标准。

图3-9　"六不""六净"标准

质量是保洁工作的生命，达到质量标准是保洁工作的目的。为使服务质量标准切实可行，标准的制定必须具体、可操作。质量标准应该公布出来，并署上保洁员工的姓名，让业主（用户）监督，以增强保洁员工的责任心。

三、提高员工的素质

操作规程和质量标准的制定，仅仅是一个良好的开端，要真正达到目的，还是要靠人去完成。因此，提高保洁员工的素质至关重要，而提高素质的重要途径就是培训。

培训的目的是让保洁员工具备工作所需的知识和技能以及服务意识，并正确执行公司的质量管理措施，从而规范公司的质量管理，确保清洁工作的质量。

（一）培训的要求、形式和重点

物业保洁员工的培训，包括入职培训、清洁专业知识培训、物业管理专业知识培训、服务意识培训以及质量标准培训等。

不同的物业公司因清洁面积、管理运作模式及环境质量要求不同，对员工培训的要求、形式和重点也有所不同。比如，在完全自主管理模式下，培训重点除了入职培训外，还包括所有日常使用的清洁管理技术技能和质量标准培训，以及员工服务意识的培训、操作安全的培训等；而对于外包模式来说，除了入职培训外，重点应该是管理质量标准的培训、质量监控方法的培训等。

（二）员工入职培训

对于新加入公司或新加入保洁部门的员工，无论其是否从事过该项工作，也无论其是否掌握清洁管理工作的技术技能，为了确保公司质量管理规范的统一，让员工尽快熟悉自己的工作岗位及公司的情况，均应进行入职培训。培训的内容包括公司情况介绍、公司规章制度、公司及部门运作方式、岗位工作内容及工作方法等。

新员工入职的第一天，保洁领班或相关领导应向他们介绍公司的基本情况、部门的基本运作程序，并带领他们熟悉工作环境。

第二天，由部门主管培训公司的规章制度、安全知识、岗位责任、员工服务标准、奖罚规定等。该项工作也可由物业保洁公司的培训负责人或相关领导负责。

第三天，由领班及操作技术员，结合岗位实际工作，进行常规技术培训。

从第四天起，轮岗培训。主管将新员工安排到各相关岗位，由各岗位的老员工进行岗位实际操作培训。每个岗位可进行数天，以便熟悉各岗位的工作情况。轮岗结束后进行理论与操作考试，不合格的给予辞退；合格的，根据实际能力定岗。由主管填写新员工情况报告，并上报公司领导及人力资源部。

（三）物业管理知识的培训

1.培训的参与人员及内容要求

全体保洁员工均应参加由公司统一安排的专项物业管理知识培训及物业管理质量、管理体系知识培训，以确保公司的质量管理体系在保洁管理部门得以实施。

2.培训频次及时间

物业管理知识的培训至少每半年安排一次，每次培训时间不少于两个小时。

3.培训考核

员工培训后，应参加公司统一举办的考核。主要保洁管理人员还应参加省、市有关的物业管理培训，并持证上岗。

（四）自主管理模式下的专业知识培训

在自主管理模式下，物业公司应对保洁员工进行充分的清洁专业知识培训。

1.培训内容

培训的内容，如表3-13所示。

表3-13 专业知识培训内容

序号	项目	培训内容
1	常用清洁设备的使用及日常保养	（1）现场操作示范及其他相关配件的使用知识 （2）各种清洁设备的日常保养及注意事项
2	常用清洁剂的分辨及使用方法	（1）清洁剂的颜色、气味、性能、使用方法 （2）使用清洁剂的注意事项
3	室内公共区域清洁	（1）室内公共区域的清洁频率、清洁方法 （2）垃圾的收集处理
4	室外公共区域清洁	（1）室外公共区域的清洁频率、清洁方法 （2）外包服务的质量要求
5	地面清洁保养	（1）地板日常保养的注意事项 （2）地板清洁的频率及操作程序
6	高空操作	（1）高空清洗的条件、方式、操作程序 （2）高空作业的安全检查
7	消杀服务	（1）灭虫的频率 （2）消杀的区域 （3）药物的使用与保管

序号	项目	培训内容
8	安全操作	（1）清洁机械安全操作的方法与注意事项 （2）安全方面的清洁作业规程
9	其他保洁知识	（1）保洁工作顺序 （2）保洁工作技巧 （3）保洁的注意事项

2.培训频率

全面的清洁专业知识培训，每月至少进行一次，并要确保培训质量。物业清洁知识培训至少每年举行一次，时间由公司统一安排。对骨干管理人员和技术人员的培训应每周进行一次，培训内容可以是管理中出现的问题，以此加强主要管理人员和技术骨干的管理意识与服务意识。

（五）培训成果考核

成果考核有笔试考核、实操考核、工作质量考核、总结报告考核等多种方式。

1.笔试

笔试考核主要针对理论性较强的专业知识（如清洁保养的管理知识及物业管理知识）。笔试一般在培训结束后的5天内进行，其成绩占培训成绩的30%～60%。

2.实操考核

实际操作考核在培训结束后的一周内由培训老师亲自到现场监督评分，成绩占培训成绩的30%～70%。对于一些安全要求较高的内容（如机器操作等），实际操作不过关，不允许上岗。

3.工作质量考核

工作质量考核主要是将培训与实际工作相结合，来加强培训的实用性。考核成绩应长期存档，以作为员工绩效考核及晋升的依据。

4.总结报告

总结报告多用于外出参观学习类培训的考核。

（六）培训记录

为了使培训系统化，同时为了跟踪培训效果，每次培训及考核完毕，都应由部门主管填写培训记录表、培训成绩登记表，这些可作为员工绩效考核、工资调整、工作调动或晋升的依据。培训记录表、培训成绩登记表要长期保存，直到员工离开公司。

四、予以严格的管理

ISO 9000系列质量标准的基本要求是，用先进的科学技术手段，设定科学工作的方法、流程、标准，然后依据"方法、流程、标准"进行控制，这种控制就是管理。没有管理，前者如同虚设。因此，严格的管理，是保洁工作的核心和关键，是保洁工作达标的保证。

在保洁管理过程中，首要的问题是抓好员工的素质教育，在人力资源部门的支持配合下，招聘到合适的员工，经培训后上岗。在工作中，要对员工进行严格的考核，将其工作质量与奖金挂钩，做到赏罚分明。如果工作不称职，质量未达标，就予以淘汰。而要做到这一点，首先就要制定清洁管理工作制度，将其作为入职培训的内容让员工知晓，并在日后的工作中严格执行。

五、开展保洁质量检查

检查是保洁质量控制的一种常用方法，也是很有效的方法，目前，大多数物业清洁管理部门都采用这一方法。

（一）质量检查四级制

1.员工自查

员工依据本岗位责任制、卫生要求、服务规范，对作业的效果进行自查，发现问题及时解决。

2.班长检查

班长在指定管理的岗位和作业点，实施全过程的检查，发现问题及时解决。

3.主管巡查

主管对管辖内的区域、岗位进行巡查或抽查，同时，结合巡查所发现的问题、抽查纠正后的效果，把检查结果和未能解决的问题上报部门经理，并记录在交接本上。

4.部门经理抽查

部门经理应对管辖内区域、岗位和作业点进行有计划的抽查，并及时解决问题。

（二）质量检查的要求

1.检查与教育、培训相结合

对检查过程中发现的问题，不仅要求员工及时纠正，还要帮助员工分析原因，对员工进行教育、培训，以防类似问题的再次发生。

2.检查与奖励相结合

在检查过程中，将检查的记录作为员工工作表现的考核依据，并依据有关奖惩和人力资源政策，对员工进行奖励或处罚。

3.检查与测定、考核相结合

通过检查、测定不同岗位的工作量、物料损耗情况，考核员工在不同时间的作业情况，以便更合理地利用人力、物力，达到提高效率、控制成本的目的。

4.检查与改进、提高相结合

通过检查，对所发现的问题进行分析，找出原因，并提出整改措施，从而改进服务素质，提高工作质量。

下面提供一份××物业住宅小区清洁工作质量检查标准的范本，仅供参考。

范本

住宅小区清洁工作质量检查标准

1.目的

规范清洁工作质量检查标准，确保小区环境卫生，对清洁工作质量作出客观评价。

2.适用范围

适用于物业管理公司各项目部的保洁工作质量检查。

3.职责

（1）保洁部主管、领班负责依照本规程对清洁工作进行质量检查、卫生评比。

（2）清洁工负责依照本规程进行清洁卫生的自查。

4.程序要点

（1）室外公共区域的检查方法与质量标准。

检查区域	检查方法	质量标准
道路	每责任区抽查三处，目视检查，取平均值	无明显泥沙、污垢，每100平方米内烟头、纸屑平均不超过2个，无直径1厘米以上的石子
绿化带	每责任区抽查三处，目视检查，取平均值	无明显大片树叶、纸屑、垃圾胶袋等物，地上无直径3厘米以上的石子；房屋阳台下每100平方米烟头或棉签等杂物在5个以内，其他绿化带每100平方米内杂物在1个以下
排水明沟	抽查2栋房屋的排水沟，目视检查，取平均值	无明显泥沙、污垢，每100平方米内烟头、棉签、纸屑在2个以下

续表

检查区域	检查方法	质量标准
垃圾箱	每责任区抽查1个，清洁后全面检查	地面无散落垃圾、无污水、无明显污迹
垃圾中转站	每天清洁后目视检查	地面无黏附物、无明显污迹，墙面无黏附物、无明显污迹
果皮箱	每责任区抽查2个，全面检查	内部垃圾及时清理，外表无污迹、无黏附物
标识宣传牌、雕塑	全面检查	目视表面无明显积尘、无污迹、无乱张贴
沙井和污雨水井	每责任区抽查3个，目视检查	底部无沉淀物，内壁无黏附物，井盖无污迹
游乐场	目视检查	目视地面无垃圾、纸屑，设施完好无污迹
化粪池	目视检查	无堵塞、无污水外溢
喷水池	目视检查	目视无纸屑、杂物、青苔，水无变色或异味
天台、雨篷	每责任区抽查1栋楼宇，目视检查	无杂物、垃圾、纸屑，排水口畅通，水沟无污垢

（2）室内公共区域的检查方法与质量标准。

检查区域	检查方法	质量标准
地面	每责任区抽查5处，目视检查	无垃圾杂物、无泥沙、无污渍，大理石地面打蜡、抛光后光泽均匀，地毯无明显灰尘、无污渍
墙面	每责任区抽查5处，全面检查	大理石、瓷片、喷涂等墙面用纸巾擦拭100厘米无明显灰尘；乳胶漆墙面无污渍、目视无明显灰尘；墙纸无污迹
楼梯间、走廊地面	目视检查，每责任区抽查2个单元，50平方米走廊3处	目视无纸屑、杂物、污迹，每个单元楼梯烟头不超过2个，走廊每100平方米内烟头不超过1个，目视天花板无明显灰尘、蜘蛛网

续表

检查区域	检查方法	质量标准
门、窗、扶手、消火检管、电表箱、信报箱、宣传栏、楼道灯开关等	每责任区抽查2处，全面检查	无广告、蜘蛛网，无痕迹、积尘，用纸巾擦拭100厘米无明显污染
电梯	全面检查	电梯轿厢四壁无尘、无污迹、无手印，电梯门轨槽、显示屏无尘，轿厢无杂物、污渍
办公室	全面检查	整洁、无杂物、墙壁无灰尘、蜘蛛网，地面无污迹，桌椅、沙发、柜子无灰尘，空气清新
公用卫生间	全面检查	地面无异味、无积水、无污渍、无杂物，墙面、门、窗用纸巾擦拭无明显灰尘，便器无污渍，墙上无涂画，设施完好、用品齐全，天花板、灯具目视无明显灰尘，玻璃、镜面无灰尘、无污迹、无手印
灯罩、烟感器、出风口、指示灯	每责任区抽查3处，目视检查	目视无明显灰尘、无污迹
玻璃门窗、镜面	每责任区抽查3处，全面检查	玻璃表面无污迹、手印，清刮后用纸巾擦拭无明显灰尘

（3）地下室、地下停车库。

检查方法：每责任区抽查3处，全面检查。

质量标准：车库、地下室地面无垃圾、杂物、积水、泥沙、油迹等；墙面目视无污渍、无明显灰尘；标识牌、消火栓、公用门等目视无污渍、无明显灰尘。

（4）保洁部主管会同领班对各责任区域进行卫生评比检查，每周进行一次，并将检查情况记录在"卫生检查评分表"中。

（5）该表由部门归档并保存一年，评比结果作为个人绩效考评的依据之一。

5.记录

卫生检查评分表

第六节　绿化服务质量控制

一、建立完善的质量管理系统

为了保证物业管理质量，物业公司必须建立完善、科学的质量管理系统，包括操作过程质量控制方法、检查及监控机制、工作记录等。

物业公司可在园林绿化管理中导入ISO 14000环境管理体系，建立完善的日检、周检、月检、季检及年检制度，将检查结果记录留档，以便对管理中出现的问题进行系统分析并采取有效的整改措施。同时将检查结果与员工或分包商的绩效考评挂钩，实现对员工及分包商的有效控制，从而将绿化质量管理科学化，保证物业绿化管理的质量。

二、制定科学合理的操作规程

操作规程是操作者在做某件事时必须遵循的操作方法与步骤。由于清洁、绿化管理受环境及天气影响较大，在不同的天气条件下做同一件事的方法步骤会有所不同。所以，在制定操作规程时必须充分考虑各种因素，把各项操作步骤充分量化、标准化，使员工易于理解及接受。

三、加强绿化保护宣传

在物业绿化工作中，创建社区环境文化，加强绿化保护宣传是很重要的，其中一个重点就是要提高居民的素质，使居民形成爱护绿化的良好习惯。为了创建良好的社区环境文化，物业公司可采取以下措施：

（1）完善绿化保护系统，在人为破坏较多的地方增加绿化保护宣传牌。

下面提供一些绿化标语的范本，仅供参考。

📖 **范本**

爱护绿化标语

1.小草：请别踩我，疼！

2.小花小草，高抬贵脚。

3.我是一棵小小草，最怕您的大大脚。

4.小草微微笑，请您旁边绕。

5.草为德者绿，花为善者红。

6.小草在睡觉，请您别打扰。

7.小草给您一片绿，您给小草一点爱。

8.绿草茵茵，关爱是金。

9.小脚不乱跑，小草微微笑。

10.让小树和我们一起快乐成长！

11.城市属于你，绿茵属于你。

12.绿色的植物就是我们的宝贝，宝贝需要我们爱护它。

13.您热爱生活吗？请爱护美丽的花草吧！

14.绿色的草地多美，小朋友的行为更美。

15.请爱护花草树木吧，它将还您绿色的生命！

16. 愿绿色天天与我们相伴！

17. 青青小草，踏之何忍！

18. 除了你的记忆，什么都别带走。除了你的笑脸，什么都别留下。

19. 我们和小树一起成长！

20. 千万别踩疼了小草呦！

21. 小草在成长，请勿打扰。

22. 小花多可爱，请你别伤害。

23. 为了你我的健康，请爱护树木。

24. 手下留情，脚下留青。

25. 树木拥有绿色，地球才有脉搏。

26. 一花一草皆生命，一枝一叶总关情。

27. 来时给你一阵芳香，走时还我一身洁净。

28. 爱护花草，人人有责。

（2）加强绿化知识宣传。可在每期墙报栏内开辟出一块地方进行绿化知识的宣传；也可为主要苗木挂上讲解牌，注明树名、学名、科属、习性等。

（3）在绿化专业人员的主持下，为业主举行插花艺术、盆景养护、花卉栽培等绿化知识培训活动。

（4）举行小区内植物认养活动。将小区内的主要植物交由业主认养，以加强业主对植物的认同感。

（5）由管理处出面，在小区内举办绿化知识竞赛或举办诸如美化阳台的比赛活动。

（6）制定并要求业主签订小区环保公约。

（7）在植树节或国际环保日举办植树活动或绿化知识咨询活动等。

下面提供一份××小区环保公约的范本，仅供参考。

📖 **范本**

小区环保公约

为了把××小区建成环境整洁、优美、文明的住宅小区，根据国家有关法令、条例精神，特制定本环保公约，由各管理处及安保人员督促实施。

1.凡是小区范围内的一切业主和过往人员，均须遵守本公约。

2.搞好小区绿化是全体居住人员及过往行人应尽的责任和义务，要树立"爱护绿化，讲究文明"的社会风尚。

3.设立专业绿化养护班组，对小区范围内的绿化、苗木进行管理、培植。绿化养护班组负有美化小区的责任。

4.严禁任何单位和个人毁坏花木、践踏草坪。严禁在绿化地内堆放物品、踢足球、打羽毛球。不得任意开挖绿化地。不得在绿化地内停放自行车、人力车、助动车、摩托车。严禁在绿化地内遛狗。严禁在树上拉绳、晾晒衣服、被褥。文明施工，不准在绿化地内丢放建筑垃圾。

5.严禁在树木、绿化地内设置各种广告标语牌。未经同意，不准在绿化带空地上设管线，迁移和损坏树木、花草。

6.提倡、鼓励住户在围栏内布置花草，在阳台上种植花卉，增设小区景观。阳台上放置盆景要有保护架等安全措施。严禁楼上住户向下乱扔杂物、泼污水等不文明行为，对教育无效的，除责令清扫干净外，可报有关部门处理。

7.严禁偷摘花朵，禁止各种车辆驶入草坪。

8.破坏绿化的处罚：

（1）偷摘花朵，每朵罚款_____元；毁坏树木，每棵罚款_____元。

（2）损坏苗木、花草，按实际价格加倍罚款。

四、加强监督检查

为了保证小区绿化得到更好的管理及保护，让小区的园林绿化更加优美，给业主营造一个园林式、花园式的生活环境，让业主的生活更加舒适、自然，必须加强绿化工作的监督管理。

（一）做好现场工做记录

监督的重要手段是员工自查及主管巡查。为使监督工作有记录可循，物业公司可预先设计标准的记录表格，供绿化员工记录工作；同时，主管巡查结束后也应将评价结果登录于表中。

（二）将监督制度化

绿化监督工作不单纯是绿化部门的事情。应将涉及的人员及工作程序、处理方式以制度的形式规定下来。

（1）由管理处保安队长、保洁班长、事务助理对小区各区域进行经常性巡查，发现有植物死亡或损坏的情况一定要及时通知绿化主管，并填写"绿化监督检查记录表"，以保证小区的绿化完好率达99%。

（2）监督绿化工是否按规定对小区的绿化进行施肥、浇灌、杀虫、修剪等作业，以保证小区的绿化不生虫、不缺肥、不缺水、不乱长等。

（3）如发现小区绿化出现（2）中的不良现象，要立即通知绿化主管开展养护、培植等工作。

（4）每月由保洁班长对小区各区域的绿化进行巡查，并填写"绿化每月检查记录表"。

（5）如发现有人践踏花草或破坏植物，一定要进行阻止。从而保证小区的绿化能得到有效的保护，给花草一个良好的生长环境，也给业主一个优美的环境。

五、改造影响居民生活的景点

要及时改造影响居民生活的绿化景点，以减少人为践踏对绿化造成的危害。对一些交通道路边上的行道树进行适当修剪，保证其不影响车辆的通行。对影响居民正常生活的比较明显的园路进行改造，一方面可以方便居民，另一方面也可以减轻物业公司绿化补种的压力。

六、做好绿化灾害预防工作

（一）旱灾及预防

在炎热的夏季，当天气长期干燥无雨时，园林植物会因温度高、蒸发量大而发生旱灾。发生旱灾时应采取以下措施加以缓解：

（1）加强园林植物的日常养护管理，确保园林植物灌溉用水得到足量供应。

（2）当干旱特别严重时，集中人力进行突击抗旱，必要时应组织人力挑水或从远处运水，以确保小区重点园林植物不被旱死。

（3）对于花木基地内的花木，可将其搬运到大树下、遮阳网或荫棚内，以防止太阳照射灼伤花木。

（4）旱灾发生且人力、水源不足的情况下，应优先保证重点观赏区的植物得到足够的淋水，不出现干旱枯萎现象；其他地方每隔一定时间淋一次水，保证不旱死即可。

（二）水灾及预防

在梅雨季节，长期降雨，会导致植物经常处于水浸状态形成水涝或被雨水冲毁。预防水涝应采取以下措施：

（1）在植物种植前应做好场地平整工作，以保证种植面有适当的坡度；

修建排水设施，方便排水，避免积水。

（2）经常检查排水管道及排水沟，堵塞处应及时疏通。

（3）当天气预报报告将出现大暴雨时，应将可能被水浸的地方的花木搬到高处。

（4）每次降雨过后，对水浸的绿化地带进行人工排涝。

（5）被雨水冲毁的绿化植物应及时进行补栽、补种。

（6）花木基地内的花木除设置排水设施外，降雨过后还要用细木棍或细钢筋在积水的花木盆内插孔，协助排水。

（7）在梅雨季节，应抓住雨停间隙，对植物喷施内吸性防腐药剂以防腐烂病。

（三）风灾及预防

1.风暴来临前的预防工作

（1）检查、疏通排水沟及排水管道，防止因排水不畅而使园林植物被暴雨冲刷。

（2）新栽乔木要加固支撑3～6个月，对高度超过10米的应支撑一年以上。在风暴来临前要再次加固支撑，对其他高大乔木也要加固。

（3）应经常检查花木基地的荫棚及遮阳网骨架是否牢固，不牢固的骨架要重新绑扎及搭建；应经常巡查大植物枝叶，及时将枯黄或有可能掉下的枝叶清除。

（4）在4～6级的风暴来临前，应将架上的盆景用铁丝固定；风力高于7级的，应将架上的盆景全部搬到地上。

（5）对于部分观赏价值高、又易被风吹倒的室外盆栽或盆景，应在风暴来临前搬入室内或荫棚内。

2.风暴来临时的工作

风暴来临时，当班员工应至少每半小时巡查一次花木。发现被吹断、吹倒的，应及时处理；自己无法处理的应及时向主管汇报，由主管组织人力进行抢救。

3.风暴过后的工作

风暴过后，倒伏的植物要在一天内扶起栽上并支上护树架，吹折的树枝要在两天内全部修剪掉并清除出园区。

（四）滑坡及预防

1.预防山体滑坡的措施

（1）设挡土墙，加固边坡。

（2）在陡坡或山体上面开设截水沟，不让雨水直接冲刷坡面，以减小下滑力。

（3）在坡面种植草或地被等固坡植物，防止雨水冲刷裸土面。

（4）当班员工及园艺师应经常巡查管辖范围内的斜坡，发现有滑坡迹象时，及时采取措施加以预防。

2.滑坡发生时的注意事项

（1）及时汇报，由公司对滑坡地段及塌方地段进行抢修。

（2）应立即在滑坡地段及塌方地段开挖截水沟，避免滑坡继续发展。

（3）清除泥土，防止弄脏环境。

（4）塌方或凹陷的绿化地段应回填土方压实，再铺设草坪及栽种相关植物。

（5）在不能确定安全前，不要站到滑坡的滑动体上或附近，以防止发生意外。

（五）冻害及其预防

1.防止冻害发生的措施

（1）露天栽植的不耐寒棕榈植物，应在低温季节来临前，用草绳、草垫或农膜等将树干裹住到一定的高度，防止树木冻死。

（2）露天摆放的观叶植物或盆景，应在低温来临前搬入荫棚或温室内，以确保植物不被冻死。

（3）在花木基地，应在荫棚及育苗床上覆盖一层薄膜；无法移入室内的花木，也应排列整齐用农膜加以覆盖，以提高内部温度，防止花木冻伤。

2.冻害发生后的注意事项

（1）冻害严重、没有恢复可能的植物，应即时更换，以免影响小区景观。

（2）虽受冻害、但不影响生命的，应剪去冻死枝条、茎叶，加强养护管理，以促使其恢复生机。

（3）受冻程度严重、但仍有可能恢复生机的植物，应先将其移栽于花木基地内重点养护，待生长正常后再加以利用。

第七节　外包业务质量控制

将业务外包已经是许多公司，尤其是优秀的物业公司的一种运作模式。然而，若不能对业务管理流程进行合理分工和有效监控，则效果会适得其反。

一、合理确定外包业务范围

尽管物业公司将一些业务外包出去，会有很大的益处，但并不意味着所有的业务都可以外包出去。要先了解自己的核心能力和弱势，可将自己不够专业的项目外包出去，通常以下项目可以考虑外包：

（1）对于需要购置专业设备才能进行的业务，如高档石材的再结晶处理、楼宇外墙清洗等，通常可外包给专业性服务商具体实施。

（2）对于一些技术含量较高的专业服务领域和一些垄断行业，如电梯系统、弱电系统设备的运行和维修管理服务、物业区域治安维护、消防安全相关工作等，为了规避经营风险，保证服务质量，通常也要采取外包的方式实现。

❓ 小提示

对于物业管理中最有价值的核心业务内容，如日常小修服务、有偿特约服务等，则一般不宜进行外包。

二、充分做好外包服务准备工作

确定好需外包的业务后，在选择承包商时，首先要做好充分的准备工作。比如，要将某小区的清洁服务项目外包出去，在项目发包之前，必须做好清洁面积测量；建筑面积、公共场所、配套设施、管理质量标准及操作的制定；检查及纠正或处罚制度的制定；管理费用测算；配套设施设备、工具房及水电接口的准备等工作。

通常而言，服务外包应做好图3-10所示的准备工作。

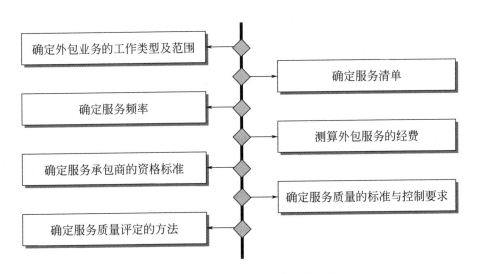

图3-10 服务外包应做好的准备工作

三、慎重选择承包商

物业公司进行服务外包的首要任务是采购合格的服务，这种服务不仅是提供给物业公司的，同时还要直接面对物业区域的业主和用户。因此，更应注重外包服务的工作质量、保障能力和整体服务形象。在选择专业服务承包商时要更加慎重。

不管物业公司采取什么方式来选择专业的服务承包商，都必须对承包商进行充分的调查和了解。可以通过现场考察、座谈、暗访等多种形式了解承包商的经济实力、经营理念、人员管理、管理控制及效率、服务保障能力等内容。特别是要对现场服务细节进行考察，以便更加全面地了解专业服务承包商的真实情况，从而弥补单纯依靠投标书或者供应商资料卡等所了解情况的不足，尽量剔除不合格的承包商。

四、完善管理制度

物业公司应就专业服务外包拟定相应的管理制度，可以从整体上加以控制，如承包方服务质量控制程序；也可以对某项具体的外包服务加以控制，如电梯保养质量监督规程、绿化服务外包管理办法等。管理制度既要涉及物业公司内部各环节、各部门对外包业务的控制流程，也要涉及专业服务承包商自身的管理制度，使专业服务承包商自身的管理制度和物业公司的运行管理制度形成互补，从而能更好地对服务质量加以管控。

五、把好合同的草拟与签订关

在合同的草拟与签订过程中，物业公司要特别注意以下两个方面：

（一）明确业务外包后的责任界定

物业公司将自己的专项服务业务外包给其他专业服务承包商后，并不能免除自己根据物业管理合同对业主（用户）应承担的责任和义务。如果承包商的服务达不到物业管理合同规定的标准和要求，则物业公司应当对业主（用户）承担违约责任。所以，要在外包合同或协议中特别约定，承包商提供的专业性服务质量和水平，不得低于物业管理服务合同中对相关专业性服务质量的要求；同时还要约定承包商达不到服务质量要求时的违约责任。

（二）确定外包业务合同或协议的期限

不同的外包合同可视服务内容的权重差别，签订不同的合同期限。这样可以给物业公司留有充分的谈判时间，就承包方的服务水平作整体、充分的评估，并为选择新的承包商留有余地，从而引入全程市场竞争机制，保证提供高质量的服务。

六、加强外包业务的日常管控

物业公司将业务外包给承包商后，并不能撒手不管，相反地，应对外包业务加以控制。因为，外包业务的服务水平会影响整个物业的整体形象。

（1）对于外包的专项业务，应该通过日检、周检以及不定期专项抽检的方式加强日常的监管控制。

（2）双方应在充分沟通与相互理解的基础上加强合作与协调，使外包业务顺利进行。物业公司不仅是一个社会资源组织者，同时还应该成为系统集成商，将管理要求及管理理念准确地传递，在保证管理效果的同时，帮助承包商提升服务质量并创造更多价值。

❓ 小提示

在履约过程中，物业公司对承包商既不能约束过紧，以免影响他们积极性的发挥；也不能放任自流，从而影响外包业务的质量。

另外，物业公司应把承包商纳入自身的整体管理体系之中，通过目标制定、监督检查、有效评估、绩效考核、及时改进等手段完成对日常业务的有效管控，从而实现物业服务工作的整体目标。

七、注重与承包商的双赢关系

物业公司与外包方是互相依靠、互惠互利的双赢关系。双方要充分沟通、相互理解。通常，除了在日常巡查中要求外包方参加外，物业公司的管理人员与外包方的现场管理人员每周要进行一次沟通；每月的项目工作例会，外包方的现场主管也要列席参加；与业主的恳谈会涉及外包业务时，也要求外包方参加。

八、掌握质量控制关键点

（一）确立质量目标

质量目标是指在质量方面所追求的目标。质量目标依据组织的质量方针制定，通常对组织的相关职能和层次分别规定质量目标。质量目标应是可测量的，便于检查和考核。分项服务的质量目标通常是由物业公司的服务质量目标分解而来，所以，在制定外包业务的服务质量目标时，要了解整个物业公司的质量目标。

（二）加强双方沟通

物业公司与承包商应建立畅通的沟通渠道。

（1）物业公司根据物业小区的实际情况，指定1名或1名以上的监控人员，负责对承包商的服务质量进行监控。

（2）要求承包商每月底固定日期前，提交下月的业务计划；每月初固定日期前，提交上月问题的整改措施及上月"承包项目月度工作报告"。

（三）开展质量检查

物业公司要针对外包服务建立质量检查制度，质量检查要将双方都纳入进来，通常的质量检查包括周检、月检、季检。

1. 周检

物业公司监控人员每周会同承包商现场负责人对外包业务的服务质量进行一次检查，并做好记录，双方签字确认后各留一份。

2. 月检

物业公司的相关部门负责人或其授权人每月组织监控人员会同承包商的经理或以上级别负责人、现场负责人，共同对服务质量至少进行一次全面检查和考评。物业公司根据检查结果填写记录，双方签字确认。

❓ **小提示**

进行月检的具体检查时间和方法，由物业公司决定，通常不提前通知承包商，以使检查更具真实性。

3. 季检

物业公司、各项目管理处或工程部门，在每季度以业务督导、互控、专项检查等形式对服务质量进行一次全面检查和评估。具体的检查时间和方法通常也不提前通知承包商。

（四）质量问题处理

1. 整改不合格项

外包服务提供过程中总有不如意的地方，如果发现外包方的服务质量有问题，该怎么办？当然是要求其进行整改。在双方沟通的过程中，物业公司可以用书面的问题整改通知书来进行管理。该文件的制作格式比较简单，可以采用表格的形式，表格最好有两联，一联由管理处留存，另一联由外包方留存，这样可以方便以后的追踪处理。

下面提供一份某物业公司的外包项目服务问题改善通知书，仅供参考。

范本

外包项目服务问题改善通知书

（第一联：管理处存）

部门：　　　　　　　　　　　　　　日期：

发现问题描述/合理化建议：	
处理意见：	确认与承诺：
签发人：	外包方负责人：
整改期限	限在_____前整改完毕
整改结果：	
验收人：　　时间：	
备注栏：	

备注：此单适用于管理处对外包方（清洁、消杀、绿化、电梯等）服务质量的监督检查及提出合理化建议。

外包项目服务质量联络通知单

（第二联：分包方存）

部门：　　　　　　　　　　　日期：

发现问题描述/合理化建议：	
处理意见：	确认与承诺：
签发人：	分包方负责人：

当承包商整改完毕后，物业公司应再一次检查确认整改的效果。

2.扣除相应的服务费

如果承包商提供的服务质量达不到合同规定的标准，应扣除相应的服务费。服务费具体如何规定，也可以在合同中明确下来。物业公司在具体操作中可以参考表3-14的格式。

表3-14　服务质量评定和费用计算表

检查单位	评分						
	一周	二周	三周	四周	五周	全月平均	服务承包费
合计							
管理处负责人签字							
外包方负责人签字							

✕ 学习回顾

1.如何制定客户服务中心的工作质量目标？

2.如何加强社区文化建设？

3.如何安排门卫、守护和巡逻工作？

4.如何定期对保安员开展培训工作？

5.如何进行维修服务回访？

6.如何做好维修服务过程的检验工作？

7.设备的日常维修保养应达到什么要求？

8.如何制定保洁质量标准？

9.如何提高保洁员的素质？

10.如何加强绿化监督检查？

11.如何选择外包业务的承包商？

12.如何把控外包质量？

✎ 学习笔记

_____

_____

_____

_____

_____

第四章
Chapter four

物业服务监督检查

本章学习目标

1. 了解物业服务监督检查体系。
2. 了解物业服务质量检查标准。

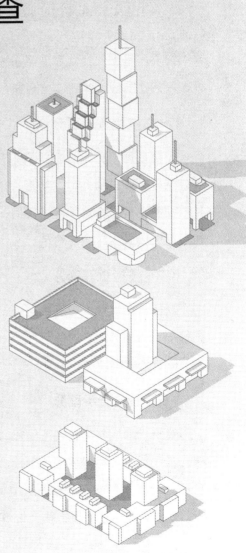

第一节 物业服务监督检查体系

物业服务的监督检查，就是由上而下对物业服务的各个岗位、各个环节进行质量监督与检查，并针对监督检查发现的问题及时采取纠正措施。

一、物业服务监督检查的分类

物业公司可以往管理处派出监督员，把工作检查作为企业运行的一个纽带，一条生命线，并建立一套完整的检查机制。

（一）按检查周期分

按检查周期分，有日检查、周检查、月检查、季度检查、突击检查等。日检查是每天必须进行的检查，如环境保洁、车辆停放等；周、月、季检查是根据需要可以相对间隔一段时间的检查，如某些设备点检等。检查周期的长短可以根据实际情况确定。

（二）按检查等级分

按检查等级分，有班组检查、部门检查、管理处检查、公司检查等。最基础的是班组检查，因为，所有工作的基础在班组，只有班组检查做好了，其他的检查才有意义。

（三）按检查手段分

按检查手段分，有人工检查、利用技术手段检查，其中，人工检查是基础。某些项目可利用现代信息技术进行检查，比如，保安员用的自动巡更仪自动记录保安员的巡逻情况，管理者可通过电脑检查保安人员是否尽职尽责。此外，利用自动监控摄像设备，也可以检查部分岗位的工作状况。

（四）按检查内容分

按检查内容分，有抽样检查和全面检查。全面检查耗时较多，一般间隔时间较长。

（五）按检查者身份分

按检查者身份分，有内部检查和外部检查。内部检查是公司内部人员组织进行的检查；外部检查是外聘质检员进行的检查，其中包括行业与主管部门组织的检查，具体如图4-1所示。

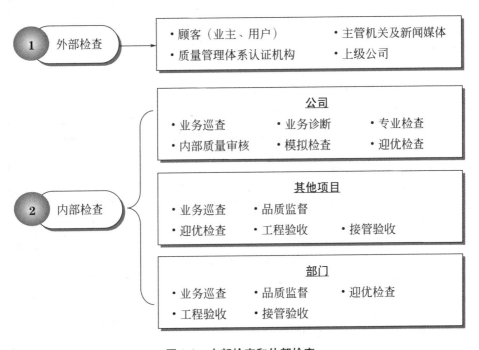

图4-1 内部检查和外部检查

二、物业服务日常质量检查的类别

物业公司日常质量检查可分为业务巡查、业务诊断、内部审核、模拟检查、品质监督、专业检查、迎优检查、工程验收、接管验收等九种，表4-1

是某知名物业公司对物业质量的检查类别、适用范围、侧重点及注意事项作出的规定。

表4-1 物业质量检查类别

检查类别	适用范围	侧重点	注意事项
业务巡查	分管领导业务巡查	（1）与业委会的关系 （2）重大顾客投诉与突发事件 （3）与业主接触较多的设备设施及场所 （4）内部管理情况	每月通报一次，并及时跟进进展情况
	品质管理部品质监控	（1）现场管理 （2）各类纠正预防措施的验证 （3）体系运行情况	
	管理中心日常检查	（1）现场管理 （2）经验借鉴与共享	
	部门负责人月度检查	（1）设备设施、环境管理的状况 （2）安全管理检查与评估	非特殊情况不能授权
业务诊断	分管领导指派	（1）内部管理，侧重组织架构、职责的合理性及与基层员工的沟通	由公司品质监督小组执行，必要时邀请职能部门经理参与
	部门在管理过程中出现滑坡现象	（2）与业主沟通，从业主角度了解存在的问题 （3）抽查现场主要业务，分析管理流程是否存在问题	
	发生重大质量事故、突发事件	（1）针对事件深入分析，采取有效的纠正预防措施 （2）查看相关业务是否存在类似问题	及时通报处理结果
	新项目入伙前后	（1）新项目入伙前对项目入伙条件及各业务块人员配备、流程设计、设施设备的完善情况进行一次全面诊断 （2）新项目入伙三个月后的第一个月，对管理处内部管理各业务块的运作情况进行一次全面诊断	由分管领导牵头，品质部组织公司各业务块骨干人员进行

续表

检查类别	适用范围	侧重点	注意事项
专业检查	公司夜间查岗	（1）巡逻路线图的合理性及执行情况 （2）安防设备设施运行功能测试 （3）保安员夜间工作状态及防范能力	检查人员注意礼仪，模拟演练必须考虑对小区业主的影响
	设备大检查	（1）侧重预防性检查，如母排连接处温度及紧固情况、联络开关温度及额定电流是否超标、大负荷电缆连接处是否发热和变色、补偿电容是否变形、接触器是否有异常声音与各触点闭合是否良好等 （2）设备的试运行检查，如发电机启动、各类泵星三角转换启动、高低水位控制器启动、烟温感测试、安防设备测试等 （3）抽查责任人的设备操作、故障排除及应急处理能力	必须由设备责任人操作设备，以免非法操作导致事故
	安全大检查	（1）各类预案演练，测试预案的有效性与人员的应急处理能力 （2）安防设备设施功能测试 （3）关键岗位操作流程检查，如出入口人员控制与物资放行、装修管理、消防管理、停车场管理等 （4）安全隐患	注意人员安全与对业主的影响
	环境大检查	（1）业主主要出入及活动场所、通道的保洁状况 （2）绿化现场作业、养护效果及消杀情况 （3）危险品使用与管理 （4）家政服务情况 （5）人员工作状况	
内部审核		（1）系统性检查各业务块 （2）体系运行情况 （3）各类纠正预防措施的落实情况 （4）管理流程及风险防范	

续表

检查类别	适用范围	侧重点	注意事项
模拟检查	新项目模拟验收	（1）房屋本体及公共设备设施检查 （2）房间细部检查 （3）环境、绿化检查 （4）设计缺陷与遗留问题处理情况 （5）图纸资料接收情况	从业主使用和物业管理的角度进行检查
模拟检查	新项目纳入公司内审前	（1）管理架构与团队建设 （2）体系执行与制度建立 （3）现场设备设施管理 （4）现场安全管理 （5）现场环境管理	内部审核手法，侧重人员品质意识检查
	公司扩大认证范围	管理处全部活动与质量体系的符合性	第三方审核手法
	VPS迎检前检查	（1）BI执行情况 （2）现场管理情况 （3）客户服务与社区文明	依据物业部绩效考核办法进行
品质监督	公司品质监督小组检查	（1）组织架构与团队建设 （2）管理流程与制度执行 （3）现场业务管理状况 （4）与业主沟通客户服务状况	多与基层员工沟通，深入了解部门根本原因
	部门品质监督小组检查	（1）体系执行情况 （2）现场设备设施管理状况 （3）现场安全管理状况 （4）现场环境管理状况	关注现场与问题的整改落实情况
迎优检查	国优、省优、市优、区优	（1）迎优资料建立（基础资料、财务状况、本体维修基金、汇报材料的书面与PP稿等） （2）房屋本体与公共设施管理情况（包括外观） （3）机电设备管理情况 （4）安全管理情况	迎检当天应安排比较熟练的人员值岗，并安排专人通过监控跟踪行程

续表

检查类别	适用范围	侧重点	注意事项
迎优检查	国优、省优、市优、区优	（5）环境管理情况 （6）汇报现场及入口布置 （7）检查路线确定 （8）员工对"小区应知应会"的熟悉情况	迎检当天应安排比较熟练的人员值岗，并安排专人通过监控跟踪行程
	安全文明小区	（1）迎检资料（汇报材料） （2）安全文明氛围营造（安全文明小区办公室布局、宣传横幅） （3）小区安全管理状况	安全文明小区软件运用
工程验收	管理处工程外包完工后验收	（1）行业规范与标准 （2）合同规定的工艺流程与验收标准 （3）功能性与实用性	提交验收报告
	工程技术部安防工程完工内部验收	（1）合同要求符合性 （2）设置的合理性 （3）隐蔽工程的安全性 （4）外观的美观性 （5）管理的科学性与安全性	工程技术部、品质管理部参与
	绿化部绿化工程完工内部验收	（1）合同要求符合性 （2）布局的合理性与安全性 （3）保养期养护情况	绿化部、品质管理部参与，以中标合同为依据
接管验收	工程技术部设备接管前验收	（1）设备管理资料与相配套的工具 （2）设备现场管理情况及遗留问题 （3）人员调配、对接安排	适合工程技术部
	绿化部绿化养护接管前验收	（1）绿化资料与相配套的工具 （2）绿化现场管理情况及遗留问题 （3）人员调配、对接安排	适合绿化部
	新项目接管前综合验收	（1）房屋本体及外观 （2）机电设备与公共设施 （3）安防设施与停车场 （4）绿化与环境 （5）室内检查 （6）图纸资料交接（各类图纸、批文及验收证明等）	依据"接管验收标准"，从业主使用角度与物业管理角度验收

第二节　物业服务质量检查标准

一、客户服务检查标准

客户服务检查标准，如表4-2所示。

表4-2　客户服务检查标准

类别	序号	检查标准
客户满意度调查	1	文件对客户满意度调查有明确规定（调查频次、样本比例、问卷回收率）
	2	规定的样本比例、问卷回收率、调查频次对结果起有效支持作用，并满足物业管理项目的需要
	3	规定的操作方法（送达方式、问卷回收、统计口径等）科学合理
	4	最近一次客户满意度调查的样本比例符合文件规定
	5	最近一次客户满意度调查报告对数据进行了详细、客观的分析
	6	最近一次客户满意度调查报告的结果真实，达到了质量目标的规定
	7	最近一次客户满意度调查报告对客户的不满意项提出了改进措施
	8	验证改进措施及时有效
	9	将客户在问卷中提出的投诉性意见和建议纳入客户投诉处理程序
	10	对客户在问卷中提出的投诉性意见和建议进行了有效沟通/回访
	11	现场拜访重点客户，了解其对物业管理服务的评价
	12	总部组织的客户满意度调查结果是否达到相关质量目标的规定
客户投诉处理	1	文件对客户投诉处理有明确规定（记录、处理时限、沟通和回访等）
	2	客户服务人员或相关岗位员工熟悉客户投诉处理程序
	3	对客户投诉在规定时限内处理，因故不能及时处理的，要与客户沟通
	4	客户投诉处理完毕后，按照规定进行回访和沟通
	5	投诉信息获取渠道完整（如社区网站投诉），投诉记录完整无遗漏
	6	建立客户群诉紧急预案或处理程序

续表

类别	序号	检查标准
客户投诉处理	7	无客户向政府、新闻媒体和总部进行有效投诉，无新闻媒体曝光和集体群诉
	8	无客户对服务质量的有效投诉
	9	无因对投诉处理结果不满意而引发的对同一问题的再次投诉，或未及时采取有效措施而使投诉事件扩大化、严重化
	10	投诉人对接待人员的态度、处理结果和及时性的评价（根据记录信息现场访谈）
客户管理	1	文件对客户档案资料管理有明确规定
	2	按照规定真实、完整地建立客户档案资料
	3	客户清册随时更新（随机抽查，现场核对）
	4	客户入住/迁出信息完整、准确
	5	客户服务人员了解本项目客户，尤其是重点客户的基本情况
社区文化与客户沟通	1	文件对社区文化活动有明确规定
	2	按规定开展社区文化活动
	3	社区文化活动的记录真实完整（计划、文字或图片、声像记录、总结等）
	4	文件对客户沟通方法有明确规定（如沟通形式、记录、沟通频次、覆盖率等），并体现出主动性
	5	按规定开展客户沟通工作
	6	向客户公开公布各类服务电话
	7	设定24小时服务电话，并向客户公开公布
	8	客户服务需求及时记录，信息及时有效传递，并进行合理性识别
	9	客户的合理服务需求被有效满足，客户对服务效果满意
	10	行业若有定期公布账目的要求，按照规定定期公布各类账目
	11	及时发布各类服务提示（如防盗、防火、防台风等）
	12	与客户签订了"业主公约"或"租户公约"，就双方权利与义务作出详细约定
	13	按规定成立业主委员会
	14	与业主委员会或业主签订"物业服务合同"，就双方权利与义务作出详细约定

类别	序号	检查标准
服务态度和礼仪	1	客户，尤其是重点客户，对员工服务态度的评价（现场访谈）
	2	客户投诉记录中无对员工服务态度的有效投诉
	3	员工着装和仪容仪表符合"礼仪手册"的规定
	4	员工行为礼仪符合"礼仪手册"的规定
	5	前台、会所、客服人员岗位礼仪符合"礼仪手册"的规定
	6	维修人员岗位礼仪符合"礼仪手册"的规定
	7	安全岗位人员（保安员）的岗位礼仪符合"礼仪手册"的规定
	8	保洁、绿化类员工岗位礼仪符合"礼仪手册"的规定
	9	司机、家政、泳池、食堂服务人员岗位礼仪符合"礼仪手册"的规定

注：本表中的"客户"，包括业主和非业主使用人。

二、安全保护服务检查标准

安全保护服务检查标准，如表4-3所示。

表4-3　安全保护服务检查标准

类别	序号	检查标准
巡逻	1	文件对保安人员巡逻有明确规定（路线、频次、巡视内容、记录要求等）
	2	保安员巡逻路线、频次设置合理，无遗漏重要的监控部位（区域）
	3	巡逻岗保安员熟悉作业指导书中关于巡逻的规定（现场询问）
	4	保安员按照规定路线、频次巡逻
	5	保安员巡逻记录符合要求
	6	主管人员对保安员巡逻进行必要的巡视和检查（包括夜间），并有巡视和检查记录
	7	客户有需要时，巡逻保安员要主动提供力所能及的服务或帮助

续表

类别	序号	检查标准
巡逻	8	巡逻保安员在当值时间无离岗、脱岗等违规、违纪现象
	9	保安员在巡逻中发现的问题及时记录、汇报，联系有关部门或人员处理，并跟踪处理情况
	10	未发生过入室盗窃案件，无客户关于财产被盗的投诉
监控	1	文件对楼宇重要部位实施监控有明确规定
	2	值班人员熟悉作业指导书中关于电子监控的规定（现场询问）
	3	监控设备设施正常运行无故障。若存在故障，及时记录并报修
	4	监控设备设施故障时，采取人工防范或其他防范措施
	5	监控中心24小时值班，值班人员无离岗、脱岗等现象
	6	主管人员对监控中心进行必要的巡视和检查（包括夜间），并有巡视和检查记录
	7	监控中心值班人员熟悉闭路电视监控设备的操作
	8	监控中心按规定保存和管理所有监控部位的声像记录
	9	监控过程中发现的异常现象及时、有效处理，且有处理记录
	10	监控中心未有无关人员进入
	11	监控的范围未出现移位。若出现移位，及时纠正
	12	监控中心定时呼叫各哨位汇报值班情况，并有记录
	13	监控中心对各岗位汇报的情况进行记录，若出现问题，及时联系相关部门/人员处理
	14	监控中心的反应效率和质量（现场遮挡监控探头约3分钟来验证）
值班门岗	1	文件对保安人员值守有明确规定
	2	门岗保安员熟悉作业指导书中关于门岗值班的规定（现场询问）
	3	保安员按规定对陌生人到访进行登记，并通知巡逻哨或监控中心进行跟踪或重点监控
	4	客户有需要时，值班保安员主动提供力所能及的服务或帮助
	5	保安员按规定对客户搬离物品进行有效控制（如放行单和实物核对）
	6	如合同有约定，保安员按规定对客户邮件和报刊进行准确及时分发

类别	序号	检查标准
值班门岗	7	无客户对接收邮件和报刊不及时或遗失方面的投诉
	8	保安员的值班记录清晰、完整、可追溯
	9	24小时值班，无离岗、脱岗、睡岗等违规、违纪现象
	10	主管人员对值班岗位进行必要的巡视和检查（包括夜间），并有巡视和检查记录
停车场管理	1	经核准的停车场经营和收费标准的有关证明在入口处公示
	2	若行业或政府部门有规定，则停车场管理员要持证上岗
	3	文件对停车场管理员的各项操作有明确规定
	4	停车场管理员熟悉相关作业指导书的规定（现场询问）
	5	对进入停车场的机动车进行准确登记（现场抽查核对）
	6	对离开停车场的机动车进行准确登记，并按规定收取停车费
	7	执行"一车一礼一卡"制度
	8	对停放机动车的情况进行巡查（刮痕、碰撞痕、门窗关闭、贵重物品等）
	9	对停放机动车的异常情况进行记录，并通知相关人员处理
	10	停车场车位标划、导向标志、警示标志规范完整
	11	停车场严格控制进出口，实施封闭式管理
	12	导引保安员的导引手势规范、训练有素
	13	建立机动车盗损、机动车强行冲卡等紧急预案
	14	若建立了智能化管理系统，有关人员能熟练操作系统
	15	建立了智能化管理系统故障的紧急预案，并有效实施
	16	停车场内车辆停放有序，无违章停车现象
	17	主管人员对停车场保安员的作业进行必要的巡视和检查，并有巡视和检查记录
	18	停车场内未发生交通事故或机动车被盗、被损责任事故
消防安全	1	消防值班人员接受过相应的专业培训，并持证上岗
	2	消防管理规定、火灾应急处理程序健全

续表

类别	序号	检查标准
消防安全	3	消防管理规定、火灾应急处理程序等文件上墙
	4	所有员工熟悉消防管理规定、火灾应急处理程序等文件内容
	5	消防值班人员熟悉消防分区的划分、消防控制设备的操作和火灾（或疑似火灾）的处理程序
	6	消防设备设施正常投入使用
	7	对消防设施（消防箱、消火栓等）开展定期巡查，并有巡查记录
	8	对巡查中发现的消防设施（消防箱、消火栓等）存在的问题及时整改
	9	消防控制室24小时值班，值班人员无离岗、脱岗、睡岗等违规、违纪现象
	10	消防值班室的反应效率和质量（试拨值班电话来检验）
	11	检验消防值班室的反应效率和质量（通过测试烟感灵敏度）
	12	消防控制室配备消防斧、扳手、铁锹（锤）、防烟防毒工具等消防器材
	13	重要部位（如动火作业现场、装修现场、仓库、设备房、娱乐场所等）配备足够的消防器材
	14	动火作业严格审批，现场采取防护措施，操作人员持证操作
	15	消防值班人员熟悉设备、器材的操作和火灾（或疑似火灾）的处理程序
	16	建立了义务消防队
	17	对义务消防队全体成员进行清晰明确的职责分配（分工）
	18	义务消防队全体成员熟悉各自的职责和分工
	19	对义务消防队全体成员进行消防知识和火灾紧急处理预案的培训
	20	定期开展消防演习（演练）
	21	义务消防队全体成员按照分工参加消防演习（演练）
	22	义务消防队全体成员熟练掌握灭火器、消防水带、消火栓等器材的使用
	23	向客户和员工有效开展消防知识宣传（如宣传栏、宣传小报、放映宣传片等）

续表

类别	序号	检查标准
消防安全	24	现场不存在火险隐患（如裸线、消防通道堵塞、消防门上锁、易燃易爆品等）
	25	未发生过火灾责任事故
综合管理	1	定期组织保安人员参加军事训练（适用于保安军事化管理的公司和项目）
	2	定期组织保安人员参加体能训练（适用于保安军事化管理的公司和项目）
	3	若有保安宿舍，实施军事化管理，要求内务整洁，无外来人员留宿
	4	若有保安宿舍，保安员要实施严格的作息时间，严格执行外出请、销假制度
	5	若有保安宿舍，每日安排值日，整理卫生和内务
	6	保安器材（如对讲机）和制服登记造册（清单），严格控制购买和领用
	7	保安器材（如对讲机）和制服登记情况与实际相符
	8	健全突发/紧急事件处理程序
	9	各类责任事故发生后做到四不放过（事故原因不查清不放过，事故责任者得不到处理不放过，整改措施不落实不放过，教训不吸取不放过）
	10	各岗位保安员交接班记录清晰、完整
	11	节假日前进行安全大检查，有记录
	12	对安全大检查中发现的问题及时采取纠正与预防措施，防止安全事故的发生
	13	定期组织保安人员进行项目与客户情况"应知应会"培训，现场询问、验证培训效果

注：本表中的"客户"，包括业主和非业主使用人。

三、工程维护服务检查标准

工程维护服务检查标准，如表4-4所示。

表4-4 工程维护服务检查标准

类别	序号	检查标准
维修服务	1	文件对维修服务有明确规定,上岗员工对作业指导文件熟悉
	2	兆欧表等检测测量仪器在鉴定有效期内
	3	建立便民报修措施,建立回访制度并填写回访记录
	4	客户报修时,准确记录客户服务需求信息
	5	维修人员根据客户报修信息及时到达现场,并记录到达时间
	6	维修人员现场完成维修任务,记录完成时间和客户评价意见
	7	维修服务及时率和合格率达到质量目标的规定
	8	无客户对维修及时性和维修质量进行投诉
	9	有偿维修服务,公开公布维修服务收费标准
	10	公共设施出现破损/故障时,及时修复
	11	家电、空调清洁保养有记录
	12	维修人员现场完成维修任务后,维修处理单要记录完成时间和客户签名
	13	材料使用有记录
	14	室内电箱各开关负荷无超载
	15	住户入住检查有记录
	16	洗手间洁具能正常使用
电梯运行和维修保养	1	文件对建立电梯档案有明确规定(如责任部门/人、档案内容等)
	2	按规定建立电梯档案(一机一档),档案内容完整,索引便捷
	3	电梯现场运行效果正常(舒适、运行时无异响、电梯门关闭正常、无安全隐患等)
	4	电梯门厅有明确的导向标志(如电梯用途、抵达区域/楼层等)
	5	电梯轿厢、机房、层站、井道地坑的环境(卫生、通风、照明等)符合规定,警示标志、工具、制度齐全
	6	建立电梯困人、跑水、火灾等应急预案
	7	制定电梯困人、跑水、火灾等紧急情况下的处理措施(现场询问电梯工)
	8	电梯轿厢内对讲系统正常,值班人员应答正常(现场抽查)

类别	序号	检查标准
电梯运行和维修保养	9	电梯巡查和维修保养有相应的作业指导书，并得以有效执行
	10	电梯维修保养合同在有效期内，处于运行状态的电梯都签订了维修保养合同
	11	电梯维修保养供方的选择过程符合规定
	12	供方提交的电梯维修保养计划，经过了公司技术人员的审定
	13	供方按约定或维修保养计划和作业指导书开展维修保养工作，记录完整，无违约
	14	供方若有违约记录，按照约定进行有效处理
	15	供方电梯维修保养作业人员持有效上岗证件
	16	电梯工了解电梯巡查和维修保养作业指导书、维修保养合同、供方维修保养计划的相关内容
	17	对供方进行监管的服务区域、部位、项目、时段、频次等有明确规定
	18	按规定对供方进行监管，记录完整，发现的问题及时有效解决
	19	供方提交的维修保养报告（记录）及时、完整，维修保养项目清晰、详细
	20	对保养过程中发现的问题有效解决，相关记录清晰、完整、可追溯
	21	保养作业避开运行高峰期，维修保养过程中设置明显标志
	22	每台电梯年检合格，合格证书有效，并张贴于电梯轿厢内
	23	经历过大修的，大修的供方选择、报价、选材、施工、验收等环节符合相关规定
消防系统运行和维修保养	1	文件对建立消防设备设施档案有明确规定
	2	按规定建立消防设备设施档案（按系统分类）
	3	建立消防设备设施和器材台账（清单），抽查台账与实际相符
	4	文件对消防设备设施维修保养有明确规定
	5	按规定（或计划）开展维修保养工作
	6	现场无消防设备设施（如应急灯、紧急疏散指示灯）缺失、故障情况

续表

类别	序号	检查标准
消防系统运行和维修保养	7	消防器材和设施（如灭火器、消火栓等）有巡查记录，且处于有效备用状态
	8	消防水池水位在设计位置，消防水系统的主管道阀门关闭
	9	消防水泵处于备用状态（抽查试车记录）
	10	烟感灵敏度符合要求（测试）
	11	消防联动测试记录完整
	12	报警主机显示火灾探测器故障和屏蔽的数目未超过总数的0.5%
	13	消防检测按时进行，记录齐全
	14	气体灭火系统的气体重量足够，失重能报警，时间显示与北京时间误差不超过2分钟；对烟感探测器做烟雾试验，应响警铃
	15	建立相关规章制度（中控室值班管理制度、火灾应急预案应上墙）
	16	有维修保养合同（抽查维修保养记录）
供配电系统运行和维修保养	1	文件对建立供配电设备档案有明确规定
	2	建立供配电设备档案
	3	配电房24小时值班
	4	配电房值班人员和所有电工按规定持证上岗
	5	配电房对外来人员建立登记制度，并有效实施
	6	按规定采集供配电系统的各类运行数据
	7	配电房值班人员熟练掌握各类操作程序和停电应急处理预案
	8	供配电设备按规定制订保养计划，并有效实施
	9	对电能计量进行月统计和分析
	10	巡查和维修保养工作有作业指导文件
	11	岗位员工对作业指导文件熟悉
	12	现场设备运行正常，无安全隐患
	13	高压绝缘工具进行定期检测（抽查检测报告）
	14	发电机组维修保养合同在有效期内
	15	发电机组维修保养供方的选择过程符合规定
	16	供方提交的发电机组维修保养计划，经过了公司技术人员的审定

类别	序号	检查标准
供配电系统运行和维修保养	17	供方按照约定或维修保养计划开展发电机组的维修保养作业活动
	18	记录完整，无违约记录；供方若有违约记录，按照约定进行有效处理
	19	相关人员了解发电机组维修保养作业指导书、维修保养合同、供方维修保养计划的相关内容
	20	对供方进行监管的服务区域、部位、项目、时段、频次等有明确规定
	21	按规定对供方进行监管，记录完整，发现的问题及时有效解决
	22	供方提交的维修保养报告（记录）及时、完整，维修保养项目清晰、详细
	23	对保养过程中发现的问题有效解决，相关记录清晰、完整、可追溯
	24	发电机机房环境（卫生、防鼠等）符合规定
	25	发电机组按作业指导书的要求进行定期空载试运行，空载试运行记录数据清晰、完整
	26	发电机能正常启动，操作人员能按作业文件规定正确操作
给排水系统运行和维修保养	1	文件对建立给排水设备设施档案有明确规定
	2	建立给排水设备设施档案
	3	供水泵、潜水泵能正常运行
	4	供水泵、潜水泵电气控制系统能正常运行
	5	供水泵无严重漏水现象
	6	日常检查和维修保养工作有作业指导文件
	7	岗位员工对作业指导文件熟悉
	8	按规定记录给排水系统的各类运行数据
	9	对水量、水费等数据进行统计和分析
	10	制订给排水设备保养计划，并有效实施
	11	水池装有高、低水位和溢水报警装置，装置灵敏、可靠
	12	二次供水水池/水箱/泳池定期进行清洗消毒，检验合格
	13	二次供水水池/水箱加盖上锁（双管制）
	14	有二次供水卫生许可证及水质化验报告

续表

类别	序号	检查标准
给排水系统运行和维修保养	15	二次供水清洗消毒作业人员有健康状况证明
	16	二次供水水池/箱清洗消毒合同在有效期内
	17	二次供水水池/箱清洗消毒供方的选择过程符合规定
	18	供方按照约定定期开展二次供水水池清洗消毒作业活动，无违约记录
	19	供方若有违约记录，按照约定进行有效处理
	20	对供方进行监管的服务区域、部位、项目、时段、频次等有明确规定
	21	按规定对供方进行监管，记录完整，发现的问题及时有效解决
	22	相关人员对地下管网情况熟悉
	23	相关沟、井、渠、池、管等公共给排水设施完好
	24	对公共用水终端进行有效控制，编制年度节水措施并实施
暖通系统运行和维修保养	1	文件对建立暖通设备设施档案有明确规定
	2	建立暖通设备设施档案
	3	空调、热力、送排风、防火排烟等设备设施现场运行正常
	4	空调维修保养合同在有效期内
	5	空调维修保养供方的选择过程符合规定
	6	供方/工程部门提交维修保养计划
	7	供方/工程部门按照约定或计划开展维修保养工作，供方无违约记录
	8	供方若有违约记录，按照约定进行有效处理
	9	对维修保养供方进行监管的区域、部位、项目、时段、频次等有明确规定
	10	按规定对维修保养供方进行监管，记录完整，发现的问题及时有效解决
	11	供方/工程部门提交的维修保养报告（记录）及时、完整，维修保养项目清晰、详细
	12	对维修保养过程中发现的问题有效解决，记录清晰、完整、可追溯
	13	巡检和维修保养工作有作业指导文件

续表

类别	序号	检查标准
暖通系统运行和维修保养	14	水泵、冷却塔、末端风柜、新风机、风机盘管、防排烟等设备运行、保养记录完整
	15	暖通系统有节能措施
	16	暖通系统设备运行正常
	17	维修操作人员对设备运行和维护的要求非常熟悉
	18	空调水质处理服务合同在有效期内
	19	空调水质处理服务供方的选择过程符合规定
	20	供方提交空调水质处理工作计划
	21	供方按照水质处理工作计划开展水质处理工作,无违约记录
	22	供方有违约记录,但已经按照合同的约定进行了有效处理
	23	对水质处理供方进行监管的区域、部位、项目、时段、频次等有明确规定
	24	按规定对水质处理供方进行监管,记录完整,发现的问题及时有效解决
	25	供方提交的水质处理报告(记录)及时、完整
	26	对水质处理过程中发现的问题有效解决,记录清晰、完整、可追溯
	27	锅炉工熟悉锅炉点火前准备及点火操作、运行监视与调节、停炉操作流程
	28	经历过大修的,大修的供方选择、报价、选材、施工、验收等环节受控
弱电系统运行和维修保养	1	文件对建立弱电设备设施档案有明确规定
	2	按规定建立弱电设备设施档案
	3	楼宇门禁、监控、周界防范报警、通信、巡更、广播、火灾自动报警、气体/喷淋灭火、燃气泄漏报警、停车场管理等系统纳入相应的设备档案(清单)
	4	楼宇自控系统运行正常,运行记录完整
	5	监控系统各摄像机图像齐全、记录完整、回放清晰
	6	周界防范系统探测器对入侵人体反应灵敏,有监控显示,有每天检查记录

续表

类别	序号	检查标准
弱电系统运行和维修保养	7	门禁系统门锁能用密码、IC卡或锁匙开启
	8	巡更系统在电脑中有巡更记录
	9	停车场管理系统读卡、出卡、起落闸杆正常，可调出进出车辆的历史记录
	10	建立弱电设备设施的巡查制度，并有效实施
	11	弱电设备设施的巡查记录清晰、完整
	12	在巡查中发现的问题及时有效解决
	13	关键弱电设备定期保养
	14	若由供方提供保养服务，供方的选择符合规定
	15	供方按照合同的约定提供相应的维修保养服务
	16	对供方的维修保养服务进行有效监控，记录清晰、完整
	17	在对供方监控过程中发现的问题，及时有效解决
	18	相关人员熟悉楼宇综合布线系统的基本情况
公共设施管理	1	文件对楼宇修缮制度有明确规定，并有效执行
	2	楼宇使用手册、装饰装修管理规定及业主公约等各项公众制度完善
	3	楼宇外观完好、整洁，外墙砖、涂料、玻璃等装饰材料无脱落和污迹
	4	楼宇天面、外墙、楼梯、走廊、地下室等本体部位完好
	5	公共道路、照明、停车场、康乐器材、会所、泳池等公共设施完好
	6	建立工程档案（六图两书、竣工资料等）
	7	建立公共设施台账、清单和权属清册，查阅方便
	8	楼宇本体公共设施整洁，公用楼梯、天台、通道无杂物堆放及违章占用等
	9	无擅自改变房屋用途的情况，项目内各楼栋有明显标志，入口处及主要路口、公共区域有引路标志
	10	危及人身安全的地方有明显标志和具体可靠的防范措施
	11	公共设施运行、使用及维修按规定要求有定期的检查、保养记录，专业技术人员和维修人员严格遵守操作规范与保养规程

续表

类别	序号	检查标准
装修管理	1	文件对客户装修管理有明确规定（图纸方案报批、施工管理、验收等）
	2	客户装修管理记录清晰、完整（批准施工方案、施工现场巡查、验收等）
	3	和客户/装修施工单位签订装修施工管理协议，或签署协议性质的文件
	4	对装修施工人员进行严格登记和管理
	5	装修垃圾清运及时、彻底
	6	为避免扰民现象，对客户装修施工时段进行严格控制
	7	无客户对装修噪声等问题的有效投诉。若有投诉，有效解决
	8	客户装修过程中不存在破坏建筑承重结构（梁、柱、墙体等）的情况
	9	有关人员定期对装修现场进行巡查，并有详细的巡查记录
	10	新项目装修期，对重要设施（如电梯）采取保护措施；二次装修时，指定货梯和时段运送材料和垃圾
	11	装修现场关闭通向公共通道的门窗，以免灰尘影响其他业主
	12	有关人员按规定对客户装修施工现场进行验收
	13	不存在违章装修和乱搭建情况
	14	室外招牌、广告牌、霓虹灯按规定设置，保持整洁、统一、美观，无安全隐患或破损
	15	装修现场临时动火作业受控
	16	装修现场易燃物品存放量受控
	17	商铺装修按规定向消防主管部门申报
机房管理	1	地面干净整洁，物品摆放整齐有序，工具配备齐全
	2	设备表面无积尘、油污、锈迹
	3	按消防要求配置足够的灭火器和应急照明灯，室内通风良好
	4	应急照明灯能在停电情况下至少工作半小时
	5	设备房排水通畅，安装防鼠板，必要部位铺设绝缘胶地板
	6	易被人体接触到的转动部位有防护罩，设备原有的防护装置齐全

续表

类别	序号	检查标准
机房管理	7	无人值守的设备房加锁
	8	门上有相应设备房标志，有"机房重地，非请勿进"或类似的标志
	9	室内禁止吸烟，未堆放易燃易爆及与管理无关的物品
	10	设备房内的开关、阀门、单体设备等部位有明显的状态标志
	11	流体有流向标志
	12	重要和操作有危险的设备、部件有警告标志
	13	在供配电设备房的显眼位置设立"严禁合闸"等移动标志统一挂放点
	14	重要设备有必要的防护措施（如上端加设喇叭口、挡板，防止排污滴漏污损设备）
	15	重要设备房内（如监控中心、电话机房、配电房、发电机房、消防控制室、电梯机房、电脑机房、水泵房）配置干湿球温度计，对环境的温、湿度进行检测，设备房内环境温度保持在40℃以下，相对湿度保持在80%以下（有特别要求的除外）
	16	各操作开关标明控制状态、功能或系统（部位）等
	17	设备房环境（卫生、防鼠、绝缘等）符合规定
	18	配电房张贴供配电系统图
	19	机房规章制度上墙，张贴有设备卡
	20	设备房低位进线管道有封堵，以防雨水倒灌进设备房
其他	1	文件对钥匙管理有明确规定
	2	钥匙管理现场分类清晰，登记、复制、更换、借用、归还等管理有序
	3	不存在个人保管楼宇各类钥匙的现象
	4	设备房（井）不存在危险源
	5	现场不存在"跑、冒、滴、漏"现象
	6	对公共能耗和公共用水进行合理控制，并采取相应节能降耗措施
	7	作业现场存在危险源（井、沟）、高空作业、占用道路等情况用围栏围起作业，并设置明显警示标志

注：本表中的"客户"，包括业主和非业主使用人。

四、绿化服务检查标准

绿化服务检查标准，如表4-5所示。

表4-5　绿化服务检查标准

类别	序号	检查标准
计划	1	根据植物生长习性编制植物年度养护计划，对植物进行定期养护。外包的绿化项目，要求供方提供植物年度养护计划，并进行监督检查
病虫害预防及消杀	1	针对不同的品种和季节进行病虫害预防及消杀，有完整的作业记录
物料控制	1	对绿化用肥料、有毒药物严格进行控制
作物长势	1	花草树木（包括室内、室外、土植、盆栽、水景、天面等绿化植物）长势良好，修剪整齐美观，无明显病虫害，无折损现象，无斑秃、灼伤，枝干无机械损伤，叶片大小、薄厚正常，无卷、黄、异常落叶现象
	2	小区无枯死乔木，枯死灌木、枯萎地被植物每1000平方米范围内累计面积不超过2平方米，且枯死灌木、枯萎地被植物每块不超过0.5平方米。挽救的乔木可只保留树干，但应能见青皮，新移植乔木需保留部分树叶
	3	乔、灌木保持美观的形状、造型，植物形态明显，枝条无杂乱现象
	4	草坪长势良好，目视平整，生长季节浓绿，本地区茎叶高度在4厘米左右，立春前可修剪为2厘米左右。其他地区草坪茎叶高度可在6～8厘米
	5	绿地和花坛无杂草，无破坏占用、积水、枯枝、践踏、鼠洞及黄土裸露

五、保洁服务检查标准

保洁服务检查标准，如表4-6所示。

表4-6　保洁服务检查标准

类别		序号	检查内容
保洁	公共部位	1	公共楼梯、走道、天台、地下室、会所等公共部位保持清洁，无纸屑烟头、蜘蛛网、乱贴乱画以及擅自占用和堆放杂物等现象
		2	房屋雨篷、消防楼梯等公共设施保持清洁、畅通，地面无积水、纸屑烟头、蜘蛛网、异味、积尘以及擅自占用和堆放杂物等现象
		3	停车场、立体车库、架空层、车行道、走道等部位无污迹、杂物、积水、明显油迹、明显灰尘、异味、蜘蛛网
	设施	4	各类设施（包括灭火器、消火栓、开关、灯罩、管道、扶梯、室外休闲娱乐设施、座椅、雕塑、装饰物、倒车架、电话亭、宣传栏、标志牌等）手摸无污迹
		5	排水沟、明沟部分无异味、蚊蝇、杂物、污水，盖板完好，盖板间缝不大于3厘米；排污井、暗沟部分无明显蚊蝇、蟑螂活动，无堵积，沉淀物不超过管径的1/5、井盖完整，覆盖紧贴
	大堂	6	地面光亮并显本色，无脚印、污迹，环境美观
	玻璃	7	距地面2米范围内，洁净、光亮无积尘，用白色纸巾擦拭无明显污迹
		8	距地面2米以外，玻璃目视无积尘
		9	通风窗侧视无明显灰尘，呈本色
	地面	10	需打蜡的地面光亮显本色
		11	大理石地面目视无明显脚印、污迹
		12	瓷砖地面目视无明显污迹、灰尘、脚印
		13	胶质地面无明显灰尘、污迹，办公场所蜡地光亮，无明显蜡印
		14	水磨石地面目视无灰尘、污渍、胶迹
		15	水泥地面目视无杂物、油迹、污迹
		16	广场砖地面目视无杂物、油迹、污迹以及大面积龟纹、青苔
		17	车道线、斑马线清晰，无明显油迹、污迹

续表

类别		序号	检查内容
保洁	地毯	18	目视无变色、霉变，不潮湿，无明显污迹，无沙、泥、虫蛀
	绿地	19	植物干体和叶片上无明显积尘、无泥土，绿地无纸屑、烟头、石块等杂物，无积水
	天花板	20	无蜘蛛网、污迹、灰尘，无变形、损缺
	墙面	21	涂料墙面无明显污迹、脚印
		22	大理石贴瓷内墙面无污渍、胶迹，用白色纸巾擦拭50厘米无灰迹；外墙面无明显积尘
		23	水泥墙面目视无蜘蛛网，呈本色
		24	不锈钢内墙面目视无指印、油迹，光亮，用白色纸巾擦拭50厘米无污迹
		25	不锈钢外墙面无积尘，呈本色
		26	玻璃幕墙无积尘，呈本色
	水景	27	水质清澈，无青苔、明显沉淀物和漂浮物
		28	沟渠、河道等无异味、杂物，无污水横流和大量泡沫，无漂浮异物，孑孓（蚊的幼虫）每100毫升不超过1只
	洗手间	29	空气清新，无异味、积水、污迹、堵塞，设备完好
		30	地面、台面、镜面无积水、水迹、污迹、纸屑、烟头等
		31	便池无污垢、异味，纸篓不过满
		32	洗手液、纸巾用品充足（合同无约定的除外），各项设施完好
	垃圾箱和清运	33	箱体无积尘、痰迹、污迹、胶迹
		34	箱体外观光亮，箱体无变形、破损
		35	烟灰盅内置物（水、石米、沙）保持清洁，烟头及时清理
		36	垃圾房（站）无明显积尘、痰迹、污迹、胶迹、污水、异味和蚊蝇
		37	垃圾清运实行责任制，有专职的清洁人员和明确的责任范围，收、倒过程未干扰客户，垃圾日产日清，垃圾箱无满溢
		38	垃圾车停放点干净整洁，摆放整齐，车辆干净，无污迹、油迹，垃圾袋装，运送过程无散装、超载、滴漏洒现象

续表

类别		序号	检查内容
保洁	空置房	39	空置房无蜘蛛网、异味、杂物、明显积尘，水电总阀关闭，巡查记录完整
	电梯	40	门无明显污迹、手印、灰尘，轿厢无砂粒、杂物、污迹，用白色纸巾擦拭50厘米无污迹，无异味，通风性能良好，电梯门沟槽无杂物
	其他	41	开关盒、电源插座、各类标识牌和指示牌无污迹、积尘
	除雪	42	有明确的除雪要求和除雪工具
		43	确保下雪及雪后业主的出行方便，清理积雪及时，在相应场所悬挂路滑提示标志，根据需要在单元入口设置防滑垫，及时清除出入口和路径上方的斜面屋顶积雪，或有其他防止雪块滑落伤人的措施
		44	大门出入口及停车场坡道等重要部位的雪随时清理，行车道未存积雪，积雪随下随清
		45	其余部位雪停后立即清扫
		46	除雪后人行通道露出边石和草坪灯，露天广场无雪覆盖，康乐设施无积雪；清扫的积雪成型见方堆放，并及时清运出去
消杀	标志	1	符合警示要求，采取有效措施防范，投放消杀药品的场所设置醒目、符合消杀工作要求的警示牌，必要时采取有效措施防范
	灭四害	2	房屋共用部位、共用设施设备部分无白蚁虫害
		3	无明显的鼠洞、鼠粪、鼠迹
		4	暗沟、阴渠无明显蟑、鼠、蚊、蝇等
		5	消杀机构及人员有专业资质，定期作业，记录完整
游泳池	卫生	1	对泳池的管理符合国家和当地法规和政策的要求
		2	游泳池及过水沟无青苔、砂粒等异物
		3	无青苔、纸屑、烟头、枝叶，栏杆无水迹、灰尘
	安全	4	泳池周围无锋利有棱角硬物；照明灯具完好，使用安全电压，无外露管线
		5	配有足够救生员，在开放时间内按规定不间断值勤
		6	有水深标志和安全告示

续表

类别		序号	检查内容
游泳池	水质	7	按要求做水质处理和测试，并保持相关记录
		8	水质清澈、透明、无异味，pH值为6.5～8.5，池水混浊度不大于5度或站在游泳池两岸能看清水深1.5米的池底及四、五泳道线
		9	泳池尿素浓度不大于3.5毫克/升。泳池细菌总数不超过1000个/毫升，大肠杆菌含量不超过18个/升
		10	游离余氯保持在0.3～0.5毫克/升，化合余氯保持在1.0毫克/升以上
	温度	11	冬季室内泳池池水温度控制在22～26℃，室内池水温度控制在24～28℃，冬季室温高于水温1～2℃
标志		1	清洁过程中有安全隐患或造成使用不便的，设有明显标志或采取有效防范措施，玻璃门上有明显的防撞标志
供方监管		1	保洁、绿化服务合同在有效期内
		2	保洁、绿化供方的选择符合规定
		3	保洁、绿化供方在服务合同中约定，或以其他形式提交服务计划或方案
		4	供方按照约定或计划、方案开展作业活动，无违约记录
		5	供方若有违约记录，按照约定进行有效处理
		6	对供方进行评价和监管的区域、部位、项目、时段、频次等符合规定
		7	对供方进行评价和监管的记录清晰、完整，发现的问题，及时有效解决
		8	对供方的人员素质、服务资源、服务价格、服务质量等进行有效评价
		9	供方评价结果为供方监管、考核和再次选择供方提供参考依据

注：本表中的"客户"，包括业主和非业主使用人。

✖ **学习回顾**

1. 物业服务日常质量检查有哪些项目？
2. 安全保护服务检查标准是什么？
3. 客户服务检查标准是什么？
4. 保洁服务检查标准是什么？

✎ **学习笔记**

_____

_____

_____

_____

_____

第五章
Chapter five

物业服务质量改善

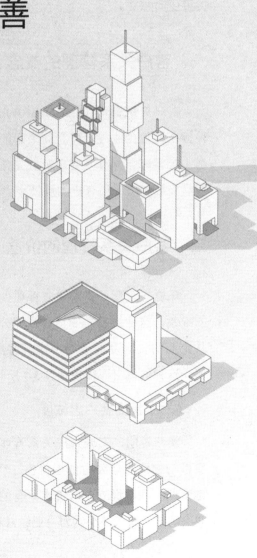

🎯 **本章学习目标**

1. 了解客户关系管理常识。
2. 了解邻里纠纷化解常识。
3. 了解客户投诉处理常识。
4. 了解开展5S活动的常识。

第一节　加强客户关系管理

物业管理公司属于服务性行业，提供的产品是服务，客户是业主（住户）。物业管理公司在经营、管理和服务的过程中，不可避免地与业主（住户）产生极其复杂的关系。因此，实施客户关系管理对物业管理公司有着至关重要的意义。

一、客户关系管理的概念

客户关系管理（Customer Relationship Management，简称CRM），是一种旨在改善企业与客户之间关系的新型管理机制。客户关系管理的理念正是基于对客户的尊重，要求企业完整地认识整个客户的生命周期，提高员工与客户接触的效率和客户的反馈率。

二、客户关系管理的价值

环境的改变，要求物业管理公司比以往任何时候都要重视自己与客户群的维系，这种维系需要物业管理公司投入一定的客户维系（保持）成本。但从企业的长远发展战略考虑，客户关系管理可以为企业创造实实在在的价值。这种价值主要体现在图5-1所示的几个方面。

（一）提高客户忠诚度

实践证明，实施客户关系管理，能够显著提高客户对企业的忠诚度，将直接给物业管理公司创造价值。客户忠诚是企业核心能力的重要构成因素，是企业一项珍贵的无形资本。有的研究结果表明，忠诚度增加，企业的利润也会增加；有人甚至认为企业经营利润的最大来源是部分消费者的重复消费。

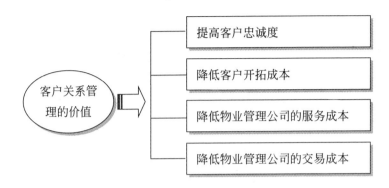

图5-1 客户关系管理的价值

（二）降低客户开拓成本

物业管理公司要想在竞争中立于不败之地，就要在维系原有客户群体的同时，去开拓新的客户群体。物业管理公司的客户开拓成本，主要包括获取客户所发生的服务费和广告费支出、市场进入成本、投资与宣传费用等。实施客户关系管理，可以让物业管理公司同客户保持良好、稳定的关系，这样，客户对物业管理公司的服务会有一个比较全面的了解。也就为物业管理公司节省了一笔向这部分老客户进行产品宣传的广告费用。另外，物业管理公司的老客户还会为物业管理公司作有利的口头宣传，为此，物业管理公司也可极大地减少宣传费用。所有这些，都会降低物业管理公司总的客户开拓成本。

（三）降低物业管理公司的服务成本

服务成本是指服务企业在经营服务过程中的全部耗费，包括物资损耗和劳动消耗。实施客户关系管理，可以很方便地把握客户需求，实现服务过程中的"客户合作模式"，促进物业管理公司和客户之间的相互理解、相互配合。物业管理公司不仅可以提供更快捷、更优质的服务，而且可以降低自己的服务成本。

（四）降低物业管理公司的交易成本

交易成本是指交易双方在寻找交易对象、签约及履约等方面的资源支出，有金钱上的、时间上的和精力上的。主要包括搜寻成本（搜寻交易双方信息发生的成本）、谈判成本（签订交易合同条款所发生的成本）及履约成本（监督合同履行所发生的成本）三个方面。实施客户关系管理，可以让物业管理公司对自己的客户有一个全方位的了解，物业管理公司和客户之间较容易形成一种合作伙伴关系，彼此之间可以达成一种信任。因此，可以大大降低物业管理公司的搜寻成本、谈判成本和履约成本，从而最终促使整体交易成本降低。

三、客户关系管理的实施条件

客户关系管理是一项复杂的系统工程，需要一定的条件来维持，包括硬件与软件的支持、员工的支持、客户的参与等。

（一）硬件、软件的支持

依靠基础设施，通过多种渠道与客户进行沟通，主要体现在表5-1所示的几方面。

表5-1　硬件、软件支持

序号	支持点	具体说明
1	管理信息系统的运用	这是客户关系管理的主要平台，是将现有的网络开发管理软件整合，利用客户关系管理系统来完成信息的收集与存储、事务的安排处理以及辅助管理决策等工作。这里面也包括电话、移动通信等辅助设施
2	传统方式的运用	服务产品的特点决定了物业服务企业的客户关系管理不能完全依赖网络。传统的方式有时候更便利、更通俗、更富有"人情味"，主要包括信息栏、宣传橱窗、意见箱、问卷调查、用户手册等
3	面对面的交流渠道	没有什么比面对面的交流更能增进双方的关系，物业服务企业绝对不应忽视这一点。比如设立投诉咨询处、收发部等

（二）员工的支持

物业服务企业中提供直接服务的人员，在客户看来其实就是服务产品的一部分。由于物业服务企业属于经营"高接触度"服务业务的企业，所以必须重视员工的挑选、培训与激励。在客户关系管理中，应当要求员工做到图5-2所示的几点。

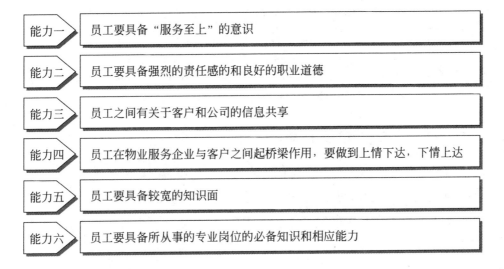

能力一	员工要具备"服务至上"的意识
能力二	员工要具备强烈的责任感的和良好的职业道德
能力三	员工之间有关于客户和公司的信息共享
能力四	员工在物业服务企业与客户之间起桥梁作用，要做到上情下达，下情上达
能力五	员工要具备较宽的知识面
能力六	员工要具备所从事的专业岗位的必备知识和相应能力

图5-2　员工应具备的能力

（三）客户的参与

客户的参与过程就是消费的过程，也是提高服务质量的过程，更是维护自身权益的过程。

1.业主委员会作用的发挥

业主委员会应当支持和配合物业管理公司的服务，加强与物业服务企业的交流，共同创造良好的生活环境和工作环境；

2.客户平时的参与

客户平时应当多提意见和建议，既可以让自己获得更优质的服务，也可以让物业服务企业更好地了解客户需求。

四、客户关系管理的策略

现有的条件已经为物业服务企业实施客户关系管理提供了硬件层面、组织层面和精神层面的支持，实施客户关系管理变得完全可行。物业服务企业可参考图5-3所示的策略来做好客户关系管理。

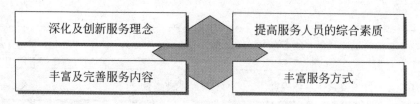

图5-3　客户关系管理的策略

（一）深化及创新服务理念

当前，有一些物业服务企业在服务理念上存在的问题比较明显，主要体现在对业主的服务理念认知不清楚，以及对自己的角色定位不精准。因此，要解决物业服务企业在服务理念上的问题，就需要从加强服务理念植入及加强服务理念考核这两方面入手。

1.加强服务理念的植入

首先，在服务理念植入上，物业服务企业可以制作相应的宣传手册、文化衫、旗帜口号等，从各方面入手加强对物业服务企业工作人员服务理念的植入，具体的做法可参考表5-2。

表5-2　服务理念植入方式

植入对象	全体工作人员
植入形式	座谈会、企业文化培训活动、员工早操、员工户外拓展、企业文化宣传手册、企业内部员工风采，以及客户服务宣传资料等
植入内容	一切以客户的满意为宗旨，满足客户多层次的服务需求，努力做好每件小事，加强服务创新，提升客户关系管理效果
植入活动频次	座谈会1周1次，早操每天1次，户外拓展半个月1次，纸质宣传素材1周1次，其他专业化培训课程2周1次

续表

配套物料	统一制服及文化衫、统一口号、统一活动
保障机制	将服务理念植入纳入物业服务企业管理的规章制度；企业每年划拨一定款项用于服务人员服务理念以及服务技能的提升；聘请专业的企业文化大师、专家学者参与统筹

其次，在服务理念植入过程中，加强与客户之间的沟通互动程度。这样既能让客户看到物业服务企业的服务理念及精气神，从而提高对物业服务企业的认可程度，进一步增强双方的信任程度；同时，也能增加社会曝光程度，提升物业服务企业的品牌知名度。

2.加强服务理念的考核

在做好服务理念的植入工作后，物业服务企业还需进一步加强对服务理念的考核，这样才能让员工真正将企业的服务理念植入内心。同时，物业服务企业也能根据员工的实际掌握情况，进一步优化、改善服务理念的植入方式，具体的考核方式如表5-3所示。

表5-3　工作人员服务理念考核方法

考核对象	全体工作人员
考核内容	服务理念植入程度及应用情况
考核人员	公司人力资源部、所服务小区的业主，以及其他客户、第三方独立咨询公司
考核指标及分值	（1）服务理念相关理论知识的掌握程度（40分） （2）服务理念的贯彻及实践情况（60）
考核结果应用	作为工作人员薪酬发放、荣誉奖励、岗位晋升、福利津贴的依据之一
考核结果反馈	结合考核结果，了解员工整体的服务理念掌握情况，并针对不足调整培训方案

通过上述方法考核服务人员服务理念的掌握程度以及实践的应用程度，能够让物业服务企业所有员工从心底里产生"为业主及客户服务"的思想意识。企业在考核过程中要注重图5-4所示的两点。

| 以员工的日常行为以及好人好事为考核重点,对良好的正面事迹进行大规模宣传,并给予重奖 | ◁ 重点一 | 重点二 ▷ | 重点突出客户与物业服务企业之间的良好事件以及客户的正面评价与宣传,这样有利于增强服务人员的服务动力及信心 |

图5-4　服务理念考核的注意要点

(二)丰富及完善服务内容

1.增加委托性服务

委托性服务主要涉及生活起居、家电维修、老人与孩子看护等服务。

比如,物业服务企业可以深入融合"居家养老"管理模式,将物业管理与"居家养老"有机结合起来。居家养老指的是在政府引导下,社区、养老机构、社工、志愿者等组织机构为老年人提供生活起居、精神慰藉、医疗护理、文化体育、法律咨询等多方面的养老服务。从委托性服务的内容来看,与"居家养老"的服务内容基本是一致的。因此,物业服务企业可与周边的居家养老服务机构开展深度合作,由居家养老服务机构提供专业的委托性特约服务,而物业服务企业更多的是执行监管、考核等工作,为有需求的客户筛选合格的服务供应主体。

2.增加针对性专项服务

物业服务企业可以联合社会上的一些专业服务机构,如志愿者协会以及其他专业机构,来提供服务;也可以自己提供一些服务,具体的服务种类与服务主体,可参考表5-4。

表5-4　针对性专项服务的服务种类与服务主体

针对性专项服务	服务种类	服务主体
有偿服务	小区外部出行、重型行李搬运、换锁、水电气及家电维修、兴趣爱好专业培训、小区内部场地使用、健康体检、临时车辆停放等	物业服务企业、外部专业企业、志愿者协会等

续表

针对性专项服务	服务种类	服务主体
免费服务	小区内部出行、物品搬迁、快递代收代发、高龄人群日常生活服务、老年人兴趣爱好培训、法律及心理咨询服务等	社会志愿者协会、小区义工协会、物业服务企业、居家养老服务机构等

在针对性专项服务中，如果是物业服务企业自己提供，尤其是有偿服务，需要制定详细的服务流程、服务标准、收费标准、收费依据等；如果是外部机构提供，物业服务企业需要做好服务监管、服务考核等工作，为客户选择合格、优质的服务供应商。

3.加强物业管理服务创新

加强物业管理服务创新，一方面能够增加物业服务企业所提供服务的种类，进一步满足客户多层次的服务需求；另一方面也能提升物业服务企业的服务能力，增强客户关系的管理效果。而要想加强物业管理服务创新，则需要全体员工的配合，并结合客户的需求来实施，具体如表5-5所示。

表5-5 物业管理服务创新的措施

服务创新	具体措施
物业管理服务创新内容	信息化管理服务创新、外来人员监控以及外部车辆停放管理创新、高龄老人以及未成年人居家生活服务创新、小区内部矛盾调解方式创新、物业服务企业与客户信任感建立以及集体活动创新等
创新方式	（1）鼓励物业人员提出自己的意见，同时对采纳的意见给予奖励 （2）积极借鉴其他物业公司的做法与经验 （3）加强客户需求的调查，结合实际情况增加服务项目
创新保障机制	（1）制定相应的创新鼓励机制，鼓励工作人员提供创新意见 （2）划拨部分资金用于服务创新研究、服务创新改善等 （3）聘请专业咨询公司来辅导物业服务企业进行服务创新

（三）提高服务人员的综合素质

1.提高专业服务水准

专业服务技能水准主要体现在除行政管理、治安巡楼、安保之外的生活上的专业服务，如应急救援、小区绿化及卫生管理、水电气维修、信息管理统计、法律及心理咨询、兴趣爱好培训、内部集体活动组织等。物业服务企业可以采取表5-6所示的策略来提高物业管理服务人员的综合素质。

表5-6　服务人员专业服务水准提高策略

提高形式	专家教授讲学、专业人员技能指导、经验丰富的员工分享经验、日常管理服务心得交流、其他外部组织机构扶持支援等
技能内容	应急救援、水电气维修、业主矛盾处理、高龄老人及未成年人居家照顾、停水停电突发事件处理、小区舆情控制、业主心理问题服务、小区活动组织等
其他外部机构扶持	（1）志愿者协会主要提供日常生活起居的服务扶持 （2）法律援助协会、健康养身协会、心理咨询协会等提供相应的专业咨询服务 （3）居家养老机构以及其他社会性企业提供专业的有偿收费服务

通过上述方式，既能够在一定程度上提升物业服务企业工作人员整体的专业服务水准，也能够充分利用外部机构的力量来满足客户多方面的服务需求。这样才能为客户提供全方位、专业化的服务，提高客户的服务满意度，增加客户对物业服务企业的信任感，增强物业服务企业的客户关系管理效果。

2.改善软性服务素质

当前，有一些员工在服务态度、服务意识、服务主动性、服务规范性上均存在一定的问题，因此，物业服务企业有必要改善软性服务素质，具体可参考表5-7所示的内容。

表5-7　软性服务素质提高策略

服务培训内容	商务礼仪、服务态度、服务专业用语、服务笑容、服务流程、服务沟通技能等
服务培训形式	座谈会、专家讲学、一对一指导、技能大赛等
服务培训考核	理论知识考核、日常实践考核、考核的人员为物业服务企业中高层管理者以及小区业主（住户）；考核结果作为服务人员的绩效结果之一
服务培训要求	（1）服务态度要热情、主动、真诚；服务意识要常在，将业主（住户）视为重要的人员 （2）服务流程要规范，要按照"礼貌用语咨询问题→快速反馈、解决问题→咨询业主（住户）服务满意度"的流程开展

> **❓ 小提示**
>
> 在此过程中，物业服务企业应注重以下细节：一是要求所有员工上班期间必须统一着装，这样才能给业主（住户）专业化和高质量的服务意识；二是不定期现场抽查服务人员的软性服务素质，从言语表达、服务态度、服务流程规范性等方面进行考核。

（四）丰富服务方式

1.增加信息化管理应用

信息化管理服务方式是提升物业服务企业管理服务效率、服务质量的有效方式之一，能够显著提高客户的服务满意度，增强物业服务企业的客户关系管理效果。因此，物业服务企业应结合小区日常的信息化管理服务需求，在图5-5所示的场景增加信息化管理应用。

图5-5 物业服务企业信息化管理系统的应用场景

2. 完善物业管理系统

物业服务企业应进一步完善自己的物业管理系统,尽可能地实现物业管理服务完全信息化模式。物业费、停车费、水电气等公共物业服务费,尽可能实现线上支付;小区内部公共区域治安管理、视频监控、应急救援、医疗救助等需要连接到公安局、消防部门、医院系统,让客户的各类需求能够及时传递出去。

同时,物业服务企业需要加强信息化管理中心数据的保密工作,以免客户信息被泄露,另外,还要定期进行系统升级优化。

3. 加强与客户之间的沟通互动频次及深度

根据客户关系管理理论可知,客户与商家应该处于互动沟通的状态,这样商家才能了解客户的需求,才能为客户提供精准、有针对性的服务。因此,物业服务企业需要进一步加大与客户之间的沟通互动频次,具体做法如表5-8所示。

表5-8 物业服务企业与客户之间的沟通互动

沟通互动形式	(1) 线上形式:邮件电话、匿名信件、微信等 (2) 线下形式:座谈会、公示栏、节假日活动等
沟通互动内容	(1) 如何更好地为客户提供优质服务 (2) 客户需求调查统计 (3) 客户当前的不满及问题解决现状调查 (4) 服务人员、服务能力、服务质量的测评调查 (5) 日常情感交流及信任度建设
沟通互动活动	节日祝福、生日聚会、老年人健康体检、小区集体文艺活动、小区志愿者活动、小区才艺表演等
沟通互动频次	(1) 日常交流、咨询,1周1次 (2) 小型现场活动,1个月1次 (3) 大型现场活动,2个月1次
其他辅助条件	(1) 充分借助志愿者协会、居家养老机构、社会企业机构、街道办、法律中心、民政部门的力量,获取人员支撑 (2) 通过商业赞助、免费宣传等形式获取社会企业机构的资金支撑

通过以上方式，能够加强物业服务企业与客户之间的沟通互动频次及深度。这样可以进一步加深物业服务企业与客户之间的信任程度和互动程度，有效降低物业服务企业与客户之间的矛盾，从而进一步增强物业服务企业与客户之间的客户关系管理效果。

第二节　积极化解邻里纠纷

邻里关系是物业工作中必须要处理的一种关系。对于物业服务企业来说，当遇到重大纠纷时，应通过有效的法律途径处理，以免将矛盾转移到物业服务中心。当出现小型纠纷时，应当以教育、调解的方式，用"法、理、情"的手段处理解决，尽量不要找派出所等政府部门干预，以免日后影响物业管理者和业主（住户）之间的融洽关系，妨碍管理工作的顺利开展。

一、宠物饲养问题处理

（一）前期处理

（1）在项目前期介入阶段，向项目设计人员建议开辟一处专门用于遛放宠物的区域，以防止宠物随意遛放对其他人产生影响。

（2）在入住前期，管理处准备入住资料时，把政府有关宠物饲养的政策法规加入到入住资料中，并适当添加有关宠物饲养问题的相关案例，以增加业主对宠物饲养问题的认识。

（二）掌握宠物饲养户数的第一手资料

调查摸底是掌握宠物饲养户数的有效手段。管理处在统计过程中，应充分发挥现场岗位的优势，准确了解饲养户的宠物数量、宠物类型、饲养方式、宠物生活习性等，并对每户进行访谈，提请业主注意宠物的管理。

（三）设立醒目的标志

在小区公共区域，应设立醒目的标志，提请业主管好宠物。同时，适当地配置宠物厕所、垃圾袋、夹子等设施工具，以便于业主清理宠物粪便。

（四）投诉处理

1.引导投诉人

引导投诉人，应把握好图5-6所示的几个环节。

环节一	向投诉人说明管理处前期所做的努力
环节二	向投诉人阐明管理处的工作范畴，明确管理处的权责
环节三	婉转告知公司总部是服务机构，没有行政执法处罚权和强制执行权，工作具有局限性
环节四	告诉投诉人处理此事的途径，介绍当地民政调解部门（当地居民委员会或街道办事处）和当地所管辖部门（城市管理办公室）的行政职能
环节五	介绍地方政府出台的相关法律文件、可参照的法规文件

图5-6 引导投诉人的五个环节

2.引导被投诉人

（1）告知饲养宠物对他人造成的影响，引导其设身处地地从他人的角度考虑问题。

（2）一起商讨解决办法，并提供必要的帮助。

（3）可能时，要求其向投诉人道歉。

（4）必要时，向其暗示可能导致的法律纠纷。

3.注意事项

（1）宠物饲养是个人行为，由政府制约和管辖。对于宠物饲养导致的业主间矛盾，管理处只能起协调沟通的作用，不要让自己演变成一个管理者的角色。

（2）政府发文需公示的，管理处应跟当地居委会/社区工作站（街道办事处）沟通，明确责权利关系，以政府名义张贴相关宣传资料。

（3）在执法大队查处、整治不文明宠物饲养行动中，管理处不能参与政府行动，也不能过多张扬政府行为。

（4）对社区内的流浪宠物，可安排人员抓捕，在一定时间内若无人认领，可转交到城管部门处理。

二、违章搭建的处理

（一）前期预防

（1）在前期介入阶段，对整个小区的情况进行分析，统计所有可能进行违章搭建的房号，并进行备案。

（2）在入住期间，将政府有关违章搭建的法规内容加入到入住资料中，以加强对违章搭建的宣传。

（3）在审核业主提交的装修申请时，应特别关注有无违章搭建的装修设计，并通知装修巡查技术员和保安员对该房重点巡查，及早发现，及时处理。

（4）加强出入口岗的管理，当业主运进装修材料时，应重点关注有无违章搭建的可能，发现问题时，及时报告安全负责人或管理人员处理。

（5）加强装修巡查，不管是保安员或技术员，在巡查过程中发现问题时，都应及时上报，以防违章搭建。

（二）违章搭建的制止

（1）在制止违章搭建的过程中，尽量以劝说为主，严禁与业主发生冲突，必要时，避开业主视线，进行拍照取证。同时，物业投诉负责人应当到现场或寻找最佳机会主动与业主进行沟通，必要时可联合业委会和热心人士劝说、引导业主合法申请搭建物，以保持小区外观的统一。

（2）在沟通协商不成的情况下，管理处可以和业委会联合给违章搭建者下发"整改通知书"，限期整改，并请业主签收。若业主拒签，可回避业主，进行拍照取证并存档，也可请业委会或居委会/社区工作站人员到现场证明。

（3）认真做好被投诉业主的安抚工作，并制定应急处理措施。对蓄意扰乱管理处办公秩序的闹事者，进行劝阻；对损坏办公设施和伤害工作人员的行为，进行拍照取证、报警，并知会相关领导。

（三）求得相关部门的帮助

（1）对强行违章搭建的业主，管理处应进行详细统计，确定重点户数；拟函并附图片资料，联合居委会/社区工作站、业委会上报区/街道办事处等政府主管部门，如国房局、规划局、城管办等，必要时上访政府信访办，求得政府部门的支持与帮助，直至主管部门下发"限期拆除决定书"。

（2）跟进政府主管部门对违章装修的拆除行动，定期向公司领导汇报进展情况。主管部门实施违章装修拆除时，管理处应予以配合，在现场给业主做一些解释性工作，但不能参与拆除行为。

三、晨练噪声的处理

（一）晨练噪声的预防

（1）在项目前期介入时，建议设计部门开辟专门的晨练活动场所，并注意晨练场所的设置不要对其他业主产生影响。

（2）听取小区居委会/社区工作站、业委会的意见，制作晨练活动场地开放时间、注意事项等标识，并张挂小区"文明公约"。

（3）建立晨练老年人的生活档案，包括老年人的活动时间、活动项目、活动地点、联系电话、活动习惯等，并给小区居委会/社区工作站（街道办事处）留存一份。

（4）落实现场保安员及管理员的巡查制度，发现有影响其他业主的行为，应及时制止或劝说，避免影响升级。

（5）加强公民道德建设，由管理处牵头组织，开展以"宣传日"为主题的丰富多彩的活动，以提高社区居民的思想道德意识。

（二）晨练噪声的处理

（1）由于晨练噪声问题，业主之间往往会发生纠纷。在处理此类问题时，管理处工作人员应从两方面引导：第一，跟纠纷双方进行沟通，明确管理处的工作性质和居委会/社区工作站（街道办事处）的服务范畴，带领纠纷双方去社区工作站协调解决；第二，主动找居委会/社区工作站（街道办事处）民事调解员到现场协调处理，并通知公司相关领导，留意事态发展。

（2）对噪声相对较小的活动，可以劝说适当调整运动时间，或帮助寻找合适的场地，以减少对其他客户的影响；对较吵的活动，可以考虑提供适当的晨练场所，以减少噪声影响。

四、乱摆放物品的处理

（一）预防乱摆放物品

（1）在业主入住后，应经常性地宣传相关法律法规及"业主公约""文明公约"的相关规定和乱堆放带来的危害性。

（2）在小区各出入口或公共通道、楼梯间设立带有"请勿乱扔乱放"字样的标示牌，最好是图文并茂。

（3）对于业主在楼梯间、通道等公共场所乱堆放，特别是生活垃圾乱扔乱放等问题，保洁员或保安员现场发现后，应竭力劝说，或通知专人跟业主沟通并处理。若业主放置的鞋、鞋柜、自行车等私人财物占用公共楼道、通道，保安员（保洁员）可在显眼处张贴"温馨提示"，连续三次温馨提示，业主还不能自行清理的，管理处可代为清理（有一定的法律风险，要慎重），编号并存放于仓库，业主认领时，需签字确认，若其再次违反，管理处会立即清理。

（二）乱摆放物品的巡查与处理

（1）组成专门巡查小组，定期或不定期抽查公共场所（包括商业街）的乱摆放情况。组织人力对公共场所、楼道及商业街的乱摆放现象进行及时整顿清理，发现一个，清理一个。特别是商业街的管理，应采取政府管理和企业管理相结合的管理模式，邀请城管办工作人员上门与各商户签订"门前三包责任书"，并张贴在各商铺门前。同时，建立商铺乱摆卖举报箱，并公布举报电话。管理处应加强与城管办的联系，对一些不听劝阻、经常乱摆卖的商户，可联系城管办进行清理，这样能起到震慑的作用。对表现好的商铺，管理处可给其颁发"××文明商户"的牌匾。

（2）加强与住户、商户的沟通，体现"寓管理于服务"的管理思路，为住户、商户解决一些实际的困难。比如，商铺的宣传效果不佳，管理处可重新更换商业街的导示牌，让商户感受到管理处在为其免费做广告；制作广告栏，让商户在广告栏内优惠张贴广告。

（3）对装修垃圾的控制，管理处应严格按照公司体系文件的管理办法实施。在商铺装修之前，管理处还应与之签订"商户管理服务协议书"和"商户管理公约"。

五、高空抛物的处理

（一）加强宣传

管理处应加强高空抛物危害性的宣传，同时做好相关记录并存档。

（1）突出法规和典型案例的宣传，应着重宣传以下内容：若行为人身份无法确定，但高空抛物致人损害的，由全体住户或使用人共同承担民事责任。并督促广大业主在生活起居中加强自己对他人的注意义务，包括对其他邻居的善意提醒义务和监督义务。

（2）将高空抛落的物品进行展示，警示住户；在小区醒目位置上张贴有关高空抛物的温馨提示，时刻提醒住户。

（3）积极与当地居委会/社区工作站（街道办事处）联合，开展多种形式的公民道德宣传教育；同时，利用小区宣传栏、社区网站，发布相关高空抛物案例的报道，拓宽信息共享平台。

（二）加强现场监控

发现问题及时制止，并进行劝服，做到防患于未然。

（三）正确引导

一般来说，高空抛物现象和高空抛物伤人很难被人在现场捕捉到，受害者往往会采用谩骂、泄愤或投诉、起诉等方式来平衡自己的心理和维护自己的权益。管理处有效处理高空抛物投诉的关键还是正确引导，引导的步骤分为：认同感受→责权解析→探讨解决办法，按照三步走的思路逐步引导受害者认同自己的观点。当受害者情绪激动时，客户服务人员可直接带受害者或致电到居委会/社区工作站（街道办事处）协调处理。在达成意见的基础上，管理处还应相继开展一些服务工作，比如，针对性地张贴"温馨提示"（对于此类温馨提示，应以居委会/社区工作站（街道办事处）、业委会、管理处三方名义签署，要避免主次不分）、上门走访、对重点部位进行监控录像（避免侵犯隐私权）、加强现场岗位监控等。对于高空抛物伤人的严重事件，管理处可协助受害者报警，并配合公安机关取证。

六、捡垃圾的处理

（一）现场保安岗位管理

（1）发现本区域内有人捡垃圾时，现场保安员应主动上前询问，以确定捡垃圾者是不是本住宅区的业主，要做到有礼有节，禁止不礼貌和歧视行为，不要说侮辱人格的话。若不是本住宅区的业主，保安员应立即制止并劝其离开，同时对所捡的物品进行检查，有偷窃嫌疑的，立即通知公安机关处理。

（2）如果是业主家属捡垃圾，保安岗位可要求控制中心通知业主，以免给业主造成一定的心理压力。对执意不听劝说的捡垃圾者，现场岗位应积极制止，直至捡垃圾者离开。在制止过程中，严禁与捡垃圾者发生肢体接触。当捡垃圾者离开本巡视区域时，现场保安员应及时通知其他岗位进行跟踪处理，以了解其住处和垃圾存放的位置，并进行登记，同时及时清理占用公共场所的垃圾。

（二）全程跟踪管理

（1）管理处应系统掌握保安岗位提供的数据，准确了解捡垃圾者的住处、生活背景，及时向居委会/社区工作站（街道办事处）反映居民的生活状况，让政府了解民情，体贴民情，为民办事。比如，由所在区域的居委会/社区工作站给业主家属提供家政就业机会等。管理处可建立一对一的帮助，主动跟捡垃圾者或其家属进行沟通，对家庭困难的业主，可利用节假日探访和看望捡垃圾者，让捡垃圾者感受到管理处是在服务关心业主。

（2）组织热心人士，成立义工队，实行业主自治。管理处可以联合居委会/社区工作站和业委会将热心的环保人士组织起来，成立社区环保义工队，对社区环境进行清理。

第三节　妥善处理客户投诉

客户投诉是指外部客户认为物业服务工作中的失职、失误、失度、失控伤害了他们的尊严或权益，或其合理需求没有得到满足，从而通过口头、书面、电话、网络等形式反映意见/建议。处理投诉，是物业公司日常管理与服务工作的一项重要任务，也是与业主（用户）直接交流与沟通的最佳方式。

一、客户投诉的分类

（一）房屋管理类

由于对房屋建筑主体及其附属构筑物的共用部位（包括楼盖、屋顶、外墙面、承重结构、楼梯间、走廊通道、门厅、道路等）维修、养护和管理不到位引起的投诉，如房屋保养不到位、公共楼道修缮不及时、违章搭建、装修管理监控不到位等。

（二）设备管理类

由于对房屋毗连的及其附属配套的共用设施设备的维修、养护和管理不到位引起的投诉，包括共用的上下水管道、落水管、垃圾道、烟囱、共用照明、天线、中央空调、暖气干线、供暖锅炉房、高压水泵房、楼内消防设施设备、电梯等（含外包）。

（三）安全管理类

由于对物业正常的工作、生活秩序维护、管理不到位，或采取的安全措施不得当，导致存在安全隐患或发生安全事故等而引起的投诉，包括对外来人员、物品搬运、车辆道路、消防等的管理，对讲机的使用（如安全员夜间对讲机声音过大）、技能防范和突发事件处理等。

（四）环境管理类

由于对物业环境的净化和美化管理服务不到位引起的投诉，包括绿化、清洁卫生、垃圾清运、消杀、商铺环境（如油烟问题、占道经营、乱摆卖等）、不能归属其他类别的噪声和对保洁外包供方的监控等。

（五）综合服务类

除上述四类以外的其他管理服务提供不到位引起的投诉，包括居家［家政、维修等（含外包）］服务、商务服务、中介服务、社区文化、会所、住户巴士等由物业管理单位提供的社区配套服务以及收费等。

（六）业主（用户）纠纷类

业主（用户）之间对毗连部位/设施、公共部位/设施的使用和相关权益归属存在纠纷，甚至互相侵犯权利、影响他人生活、损害公共利益，由此引起的投诉。如养犬、晨练等生活噪声、毗连部位维修（装修破坏防水层造成渗漏水等）及部分业主（用户）的不道德行为等。

（七）地产相关类

由于地产相关产品、服务提供不到位引起的投诉。包括房屋质量、配套设施、规划设计、地产联系的工程施工、配套服务、销售管理等。

（八）其他类

非上述各类原因引起的且物业公司不负有直接管理责任但通过物业管理单位的努力可以改善的客户抱怨，包括政府机关、企事业单位的行为或责任引起的投诉，如市政配套设施（供水、供电、燃气、有线电视、宽带、电话、交通）不完善或市政设施突发事件过多等。

二、客户投诉的处理

（一）投诉处理宗旨

站在客户角度，尽最大可能解决客户的实际问题，以提升客户的满意度。

（二）投诉处理原则

物业服务企业在处理客户投诉时，应遵循表5-9所示的原则。

表5-9　投诉处理的原则

序号	处理原则	具体说明
1	及时原则	对投诉及时做出反应，并在规定的时间进行有效处理；不能及时处理的，应按时跟进进展情况，并适时通知客户
2	诚信原则	注重承诺和契约，有诺必践；处理问题应以能够公之于众为标准，不暗箱操作；为保证诚信原则的贯彻，应注意不承诺能力以外的事情，不轻易承诺结果
3	专业原则	以专业标准要求自己，体恤、尊重客户；协调专业部门从专业角度处理问题，做到实事求是、有根有据，以维护公司的专业形象

（三）投诉处理要领

1.认真对待，不敷衍塞责

对负有管理责任或具有群体投诉倾向的投诉，部门负责人应第一时间出面，以示对当事人的尊重；迅速查明情况，高效率处理，属于物业服务企业的责任，不能推卸。

2.坚持原则，不随意让步

以法律法规、合同、质量标准、国家规范为依据，明确事实。涉及赔偿问题时，要根据管理责任承担，必要时由公司进行协调。

3.态度鲜明，不含糊其词

物业公司不应当承担责任的，应明确告知客户，即使客户不接受，甚至以曝光相要挟，都不能含糊其词；对于不能即时答复的，应该在查清事实后，给客户一个负责任的答复；如客户可能采取过激行为的，应及时向公司品质管理部和相关领导反映。

4.统一回复口径

在回复客户时，应统一口径，避免不同的人回答的结果不一样；公司对外应有统一发言人。

（四）投诉处理流程

客服中心应及时公布受理客户投诉的渠道，包括投诉的电话、传真、电子邮箱地址、联系人、客户意见箱等，并保证24小时均有人员受理客户投诉，且投诉渠道便利、畅通。

1.投诉的受理

（1）接到客户的投诉应及时登记。受理客户投诉时应收集的信息包括客户的姓氏、地址、电话、投诉事件等。受理客户投诉时，应注意表示对客户的尊重和关心，了解事件的真相、客户的感受和客户想达到的意愿；受理结束时，要对客户致歉或感谢其对物业服务工作的支持。受理邻里纠纷投诉时，注意不要强行索要客户房号、姓名等，以免客户反感。

（2）受理人员对于不了解的事情，切忌猜测和主观臆断。受理人员能够及时处理的投诉，要及时处理；不能及时处理的，应与业主明确最快反馈信息的时间，然后立即将投诉信息转交部门客户服务负责人（或指定岗位），由客户服务负责人（或指定岗位）处理。

（3）客服中心各岗位职员工接到客户投诉时，均应准确记录并及时反映至指定岗位。

（4）客服中心每日应对当日受理的投诉进行盘点，以防遗漏和信息传递上的失误，延误投诉处理的时机，导致投诉升级或矛盾激化。

表5-10为某物业公司的客户投诉处理表。

表5-10　客户投诉处理表

管理处：

楼栋/房号		客户姓名		联系电话	
投诉时间：　　年　　月　　日　　时　　分					
投诉内容：					

续表

调查情况：						
有效投诉□	无效投诉□		调查人：		年 月 日	
处理意见：						
			责任人：		年 月 日	
处理结果：						
回 访 情 况						
回访形式			回访时间			
客户满意度	比较满意（ ）		满意（ ）		不满意（ ）	
客户其他意见：						

2.投诉的处理

（1）客户服务负责人根据投诉内容，安排专业人员到现场了解情况。

（2）根据了解的情况拟定处理措施，在约定或规定的时间内进行回复。

（3）如果客户同意，则按双方达成的一致意见处理；如果客户不同意，则进一步与业主沟通和协商，直至双方达成一致意见。

（4）客服中心努力后仍不能及时处理的投诉，应及时向公司品质部报告，由品质部负责处理、跟进和回访。

（5）对于上交到或直接投诉到公司的投诉，客服中心验证处理措施后，应将结果及时反馈至公司，以便于公司回访。

（6）对于客户的无理投诉，也应该给予合理、耐心的解释，通过适当的沟通技巧让客户接受。

（五）网上投诉处理

（1）客服中心应重视网上投诉的负面效应，安排人员密切关注网上投诉，及时将网上投诉通知被投诉业务负责人或指定岗位人员。

（2）被投诉部门应立即调查、了解投诉事件，并将事实情况及拟处理措施报部门负责人审批后反馈至客户服务中心和公司品质管理部，严禁公司员工在网上回复不严肃和讽刺意味的帖子。影响面较大的网上投诉，可能会出现跟帖或群诉的情况，处理措施应先报公司品质部审核。

（3）投诉产生后或客户服务中心转发投诉信息后，限定时间内须有回复。工作时间内的网上投诉在当天内应有具体措施的回复，非工作时间内的网上投诉应在上班后的当天内有具体措施的回复。

（4）对网上投诉，在回复时要真诚，不推卸责任，回复内容要涵盖所有的投诉问题；要体现专业，不犯专业错误，避免消极应付，对网上投诉不能采取轻视态度，以防出现因回复不当导致众多跟帖、引发公愤的现象。

三、客户投诉的回访

客户投诉处理完毕，经过验证合格后，客户服务负责人应及时回访客户，并对客户意见进行记录。

（一）不需要回访的情况

但以下几项情况无须回访：

（1）现场能即时处理并得到客户满意确认的投诉。

（2）匿名投诉、无法确定联络方式的网络投诉。

（3）不便回访的敏感投诉。

（4）对于非本部门能力解决的投诉（如政府机关、企事业单位的行为或责任引起的投诉），应及时跟进、协调，并适时向客户通报进展状况。

（二）回访内容、形式

回访主要是征询客户对投诉受理过程、处理措施、处理结果的意见，回访形式包括电话、上门访谈、网上回帖和调查问卷等。

❓ 小提示

> 如客户因个人原因对回访或访谈非常不能接受，一定要记录清楚，以免再次回访或访谈造成投诉。

四、客户投诉档案

客户投诉处理过程中形成的记录，均应建立投诉档案。

（1）客户投诉处理完毕后，应将客户投诉档案统一永久保存，或输入工作软件中，定期备份保存。

（2）客服中心应指定专人收集投诉案中涉及本部门的投诉，并进行统计分析，保存有关资料。

（3）重大投诉应单独立卷保存。

五、客户投诉信息的发布与反馈

（一）投诉信息发布要求

客服中心每月应对共性和公共部位、公共利益投诉，业主（用户）纠纷类投诉等的处理情况公布一次（如无此类投诉，可不用例行公布），公布的形式可以是小区公布栏、社区刊物、业主恳谈会等，目的是使客户及时了解投诉处理进程，增加和客户沟通交流的机会。

投诉回复时限要求：客户当面、电话、口头投诉应在当日内回复；书面或邮件投诉应在2个工作日内回复。

（二）投诉信息反馈要求

物业公司应对投诉信息的反馈做出明确规定，如表5-11所示。

表5-11　投诉信息反馈要求

序号	投诉分类	反馈要求
1	所有投诉	应进行汇总分析，并在规定日期前报公司品质部
2	重大投诉	应在1个工作日内报公司品质部和分管领导，处理完毕后应有详细的专题报告，包括投诉的内容、产生投诉的原因、处理过程和结果、经验教训和纠正措施（重大投诉指物业服务工作失误导致的，要求赔偿金额在1000元以上的投诉）
3	热点投诉	应在1周内报公司品质部和分管领导，包括投诉内容、投诉产生的原因分析、目前处理情况的简要描述、投诉处理的难点分析及需要协助的事项。处理完毕后1周内将投诉的内容、产生的原因、处理情况、经验教训等形成专题案例报告，报公司品质部和分管领导（热点投诉指1个月内累计3次以上不同投诉人的相同投诉或3人以上的集体投诉）

六、客户投诉的统计分析

（一）客户投诉统计

客服中心应每月一次对发生的客户投诉进行统计。统计的内容包括对投诉产生的原因/性质的分析，投诉总件数、具体内容、采取的纠正措施（即拟采取的预防措施）及经验教训、投诉处理结果（是否关闭）等。

（1）统计的投诉应涉及以各种途径受理的各种形式的投诉，包括来访、来电、书信、电子邮件、网上论坛、报刊等投诉，同时也包含上级公司、相关单位传递的与物业服务相关的投诉。

（2）所有受理的投诉，都应予以完整记录，并指定专人负责核实，以确定是否需要统计分析。

（3）对于同一客户提出的不同投诉，应在对应的投诉类型中分别统计。

（4）多次多人对同一事件的投诉，应按一件投诉统计，但应在投诉内容中具体说明投诉人数、次数及影响程度。

（5）对于网上投诉的统计，应按投诉内容区分。多次多人对同一事件投诉或跟帖的，按一件投诉统计，但应具体说明跟帖反应热度及网下影响程度；对于跟帖中出现的新投诉，应另行统计。

（6）所有投诉应按产生的最终原因进行分类统计，不要根据客户投诉时所描述的表象进行分类（除分类定义指定外）。

（7）投诉是否关闭，以回访验证时客户对投诉处理结果是否满意为判断依据。对于无须回访的投诉，以处理完毕后一周内无再次投诉作为投诉关闭的判断依据。

（二）客户投诉的分析方法

投诉分析的内容应包括对投诉总量、投诉类型、投诉趋势等的比较和分析，针对性的纠正措施，重点投诉、代表性投诉个案的深度剖析等。同时，要深层次挖掘投诉与项目定位、客户群体、服务标准、收费标准、资源成本等方面的关系，为今后同性质项目的物业管理服务提供参考依据。具体分析要素如下：

1.投诉总体分析

投诉总数及发展趋势分析（各时间段的纵向比较）、各月投诉量及产生原因的分析。如，投诉与新业主入住或新员工培训不到位等因素有关。

各专业投诉总数及相应业务的强弱项分析，可以找出工作中的不足之处，并采取措施避免类似投诉再次发生（着重从中挖掘客户关注的业务，并进行横向比较分析）。

2.投诉重点分析

对投诉比较多的业务进行原因分析时，可参照影响服务过程、质量的人、机、料、法、环五大因素，具体如表5-12所示。

表5-12　客户投诉分析的重点

序号	因素	具体说明
1	人	由于物业服务人员的因素影响服务质量而引起的投诉，具体分为： （1）服务态度，即职业道德、敬业精神、服务礼仪、服务心态等 （2）服务规范，即是否严格按照公司有关规定、流程、标准、时限提供服务 （3）服务技能，即是否拥有岗位所需的基本技能、专业知识和服务技巧等
2	机	由于物业服务设施的因素影响服务质量而引起的投诉，具体分为： （1）外观完好性，即服务设施外观是否完好，包括外观整洁、没有破损、没有安全隐患、配件与说明书齐全等 （2）质量合格性，即服务设施质量是否合格，是否经常失效等 （3）功能适用性，即服务设施功能是否适用，其设置是否充分发挥了功效，达到了预期的管理服务目的
3	料	由于物业服务过程中使用的物料（主要是低值易耗品、标志等）或提供的信息的因素影响服务质量而引起的投诉，具体分为：耐用性、经济性、准确性
4	法	由于物业服务过程中规范、流程、标准、管理方法、服务方式等因素影响服务质量而引起的投诉
5	环	由于物业服务提供所处的外部环境因素影响服务质量而引起的投诉

3.投诉个案分析

主要针对具有代表性和影响面大的投诉，分析包括投诉要点及突出反映的问题、产生投诉的原因、处理过程和结果、事件恶化的原因、经验教训和纠正措施等。

4.投诉情况总结及建议

对投诉的处理措施、建议也要进行分析，以便从中找出一些有效的方法。

第四节　有效开展5S活动

"5S"是整理（Seiri）、整顿（Seiton）、清扫（Seiso）、清洁（Seiketsu）和素养（Shitsuke）这5个词的缩写。因为这5个词日语中罗马音的第一个字母都是"S"，所以简称为"5S"，开展以整理、整顿、清扫、清洁和素养为内容的活动，称为"5S"活动。

"5S"活动起源于日本，并在日本企业中广泛推行，它相当于我国企业开展的文明生产活动。

一、5S的定义与目的

5S的定义与目的，如表5-13所示。

表5-13　5S的定义与目的

5S	类别	定义与目的
1S	整理	定义：区分要用的和不用的，不要的应清除掉 目的：把"空间"腾出来活用
2S	整顿	定义：整理好的物品明确规划定位，并加以标示。 目的：不用浪费"时间"找东西
3S	清扫	定义：经常清洁打扫，保持干净、明亮的环境。 目的：消除"脏污"，保持干干净净、明明亮亮的环境
4S	清洁	定义：维持以上3个S，使其规范化、标准化。 目的：通过制度来维持成果，并显示"异常"之所在
5S	素养	定义：人人依规定行事，养成好习惯。 目的：养成遵守纪律的习惯

二、5S对物业管理的效用

5S对物业管理而言，有以下效用：

（1）获得客户的认同和良好的印象，减少投诉，提升企业形象。

（2）培养个人良好的行为习惯。

（3）提升员工的归属感、自律性。

（4）减少浪费、降低成本。

（5）改善品质、提高效率。

（6）提高安全保障、加强设备的稳定性。

（7）成为其他品质改善的基础，如ISO 9000。

最终的结果是让投资者满意、客户满意、员工满意、社会满意。

三、5S在物业管理中的适用范围

5S在物业管理中适用于以下项目：

（1）设备设施管理。

（2）仓库管理。

（3）办公管理。

（4）文件资料管理。

（5）车场管理。

（6）安全、消防管理。

（7）宿舍管理、工作间和储物间管理。

（8）员工服务意识、行为习惯管理。

四、5S的推行要点

（一）整理的推行要领

（1）对所在的工作环境（范围）进行全面检查，包括看得到的和看不到的。

（2）制定"需要"和"不需要"的判别基准。

（3）清除不需要的物品。

（4）调查需要物品的使用频度，以决定日常用量。

（5）制定废弃物处理办法。

（6）每日自我检查。

（二）整顿的推行要领

（1）要落实前一步骤的整理工作。

（2）布置流程，确定放置场所。

（3）规定放置方法。

（4）划线定位。

（5）标示物品。

整顿要形成任何人都能立即取出所需物品的环境状态；要站在新人、其他专业人员的立场来看，使得物品的放置更为明确；对放置处与被放置物，要能立即取出使用，另外，使用后要能恢复到原位，如果没有恢复或误放，应能马上知道。

（三）清扫的推行要领

（1）建立清扫责任区（室内外）。

（2）执行例行扫除，清理脏污。

（3）调查污染源，并予以杜绝。

（4）建立清扫基准，形成规范。

清扫就是使职场呈现没有垃圾、没有污脏的状态。虽然已经整理、整顿过，要的东西马上能取得，但是被取出的东西要处于正常的使用状态才行。而形成这样的状态就需要清扫，尤其目前强调高品质、高附加价值的服务，更不容许有垃圾或灰尘的污染，造成不良服务。清扫是要用心来做的。

（四）清洁的推行要领

（1）落实前3个S的工作。

（2）制定目视管理、颜色管理的基准。

（3）制定稽核办法。

（4）制定奖惩制度，并加强执行。

（5）维持5S意识。

（6）管理层经常带头巡查，以体现重视。

5S一旦开始，不可在中途变得含糊不清。如果没能贯彻到底，就会形成另外一个污点，而这个污点也会造成固定而僵化的公司气氛。部分员工会认为"我们公司做什么事都半途而废""反正不会成功""应付应付算了！"要打破这种僵化的局面，唯有坚持贯彻到底，经过长时间烙上的污点，唯有花费更长的时间来改正。

（五）素养的推行要领

（1）持续推动前4个S至习惯化。

（2）制定共同遵守的规则、规定。

（3）制定员工礼仪手册。

（4）教育训练（新进人员加强）。

（5）推动各种精神提升（礼貌活动等）。

素养就是让大家养成按规定办事的习惯。5S的本意是以4S（整理、整顿、清扫、清洁）为手段完成基本工作，并养成良好的习惯，也就是通过任何人都容易着手的4S来达成目标素养。

✖ 学习回顾

1.实施客户关系管理需要什么条件？

2.客户关系管理有什么策略？

3.如何化解因宠物饲养引发的邻里纠纷？

4.如何处理因乱摆放物品引发的邻里纠纷？

5.处理客户投诉的要领是什么？

6.如何回访客户投诉？

7. 5S的推行要点是什么？

✐ 学习笔记

_____

_____

_____

_____

_____